FERNANDO P. CEVALLOS

LEYENDAS DE COMAYAGUA

ERANDIQUE
COLECCIÓN

LEYENDAS DE COMAYAGUA
FERNANDO P. CEVALLOS

©Colección Erandique
Supervisión Editorial: Óscar Flores López
Diseño de portada: Andrea Rodríguez
Administración: Tesla Rodas—Jessica Cordero
Director Ejecutivo: José Azcona Bocock
Primera Edición
Tegucigalpa, Honduras—Noviembre 2025

Fernando P. Cevallos (1870 – 1965)

Hacienda La Guadalupe, Comayagua, Honduras (1940). De izquierda a derecha: Don Fernando P. Cevallos, en sus brazos Humberto Gaekel Cevallos. Hermann Otto Gaekel Liedke, Petrona Cevallos Uclés; en sus brazos Herberth Gaekel Cevallos. Dos ciudadanos alemanes y la niña es María Estela Lilí Gaekel Cevallos.

LAS HISTORIAS DE MI TATARABUELO NANDO

Por HERMAN RUIZ KATTÁN[1]

Han pasado muchos atardeceres desde que don Fernando
Patricio Cevallos Bulnes autorizaba a las generaciones futuras de su
familia a seguir haciendo inmortal su nombre, para dar a conocer
sus obras.

Él dejó un legado histórico para Honduras, documentando
historias que hoy siguen escuchándose de boca en boca por todo el
país.

No solo eso: logró documentar la historia del departamento de
Islas de la Bahía, que para aquel entonces (1919) era totalmente
desconocido para los habitantes de tierra firme en Honduras.

Soy tataranieto de don Fernando Patricio Cevallos Bulnes, quien
contrajo matrimonio con Petrona Uclés. De este matrimonio
nacieron tres hijos, pero quien interesa es María Ana Petrona
Cevallos Uclés (1906–1999), quien se casó con Herman Otto
Gaekel Liedke (1897–1974), ciudadano alemán.

De este matrimonio nacieron nueve hijos, uno de ellos es María
Estela Lilí Gaekel Cevallos (1936), quien se casó con Luis Ruiz
Leiva (1930–2024) el 15 de enero de 1955.

De este matrimonio nacieron siete hijos; uno de ellos, Herman
Antonio Ramón Ruiz Gaekel (1961), quien se casó con Ivette
Sumaya Kattán Castellanos (1963), y nació como primogénito
Herman Antonio Ramón Ruiz Kattán el 3 de julio de 1983.

En resumen, esta es la línea de sangre que me conecta con el
abuelo Nando, como es conocido en la familia.

He tomado el tiempo de transcribir las obras completas de don
Fernando Patricio Cevallos Bulnes luego de publicar mi primera
novela Almas gemelas bajo las alas del Arcángel Miguel; es una

---

[1] Periodista y escritor.

manera de hacer justicia poética e histórica, y de ubicar en el tiempo al abuelo Nando como el primer folklorista hondureño en la historia de Honduras.

Cuando era niño, mamá Tita y mi papá me hablaban de las historias que había escrito el abuelo Nando, de sus andanzas en el pueblo de Comayagua y de la variada cantidad de trabajos que tuvo a lo largo de su vida: la máquina de hielo, el organista de la Catedral, el escritor de cuentos folclóricos, la Hacienda La Guadalupe —de la cual queda muy poco—, el músico y el genio de época.

Una de mis memorias más lúcidas de la infancia es cuando escuchaba a doña María Ana Petrona Cevallos Uclés de Gaekel, mejor conocida en el pueblo de Comayagua como "doña Tonita" y en la familia como abuela Tona o "Güela", tocar el piano. Me contaba sobre el abuelo Nando.

Se levantaba del piano y caminaba hacia su habitación; al pie de la cama tenía un cofre de madera y adentro un libro bien cuidado, rodeado de papelillo y de plástico transparente. Me decía: "Este es uno de los libros de papá, tu abuelo Nando".

Me lo prestaba algunos minutos y me daba tiempo de leer una o dos historias.

La abuela Tona se fue en 1999, y fue hasta el año 2019, cuando fui intervenido quirúrgicamente en Comayagua, que me vi obligado a quedarme dos meses en casa de mis abuelos Ja y mamá Tita. En mis tiempos de reposo hacía expediciones a la habitación de ellos y me ponía a revisar cajas, baúles y gavetas. En una de esas llegó a mis manos el libro Tradiciones de Comayagua de 1947 (el mismo que me prestaba la abuela Tona).

Lo leí, y mis abuelos me contaron que el abuelo Nando escribió tres libros. Cinco años después, luego de pedir la colaboración de mi papá, llegaron a mis manos las obras, y este es verdaderamente el origen de querer hacer justicia a un autor que debe estar en los estantes y bibliotecas de todos los centros de estudio públicos y privados del país, y por qué no, de todo el mundo.

En cuanto a los recuerdos de mi abuela, son muchos, pero le daré el honor a mi padre de hacerse cargo del prólogo de esta obra.

Él seguramente entregará más anécdotas y datos más precisos de la vida y obra de don Fernando Patricio Cevallos Bulnes.

Por mi parte, las historias que van a leer a continuación son relatos de las pláticas que he tenido con mi abuela María Estela Lilí Gaekel Cevallos, nieta del autor don Fernando Patricio Cevallos Bulnes, quien en más de una ocasión me manifestó su deseo de que las obras de su abuelo Nando sean reeditadas y publicadas nuevamente, para que el legado literario de principios del siglo XX —del cual don Fernando formó parte— sea rescatado y que las nuevas generaciones conozcan estos libros.

Don Fernando Patricio Cevallos Bulnes escribió tres obras literarias, para ser precisos:

1. Reseña histórica de Islas de la Bahía (1919).
2. Folklore hondureño. Tradiciones de la ciudad de Comayagua (1930).
3. Folklore hondureño. Tradiciones, leyendas, relatos y cuentos populares de la ciudad de Comayagua (1947).

Desde las memorias de mamá Tita, don Fernando Patricio Cevallos Bulnes fue fundador del Parque León Alvarado de Comayagua y del Museo Arqueológico, junto a Gregorio Sanabria, quien era gobernador de Comayagua en 1940.

Las piezas fueron extraídas de las riberas del río Humuya, en la zona donde actualmente se encuentra el barrio Independencia. Al extraer las piezas, fueron llevadas a un aula en la Escuela Fray Juan de Jesús Zepeda.

UN OBSEQUIO DEL GENERAL CABAÑAS

Don Fernando Patricio Cevallos Bulnes tenía en su poder las charreteras del mismísimo general José Trinidad Cabañas; él mismo se las entregó como obsequio a Felipe Cevallos, padre de don Fernando Patricio.

Además, se le recuerda con un bastón de madera tallado, mientras caminaba en un salón que tenía en toda la orilla una línea formada con ladrillos amarillos, sobre la cual don Fernando Patricio se ejercitaba caminando alrededor del cuadro.

Otra de las cosas que se recuerda es que compuso una marcha fúnebre que aún se puede escuchar durante la Semana Santa en Guatemala y en Comayagua, Honduras, cuyo nombre es Santo Sepulcro, y de la cual mi padre tiene una copia de la escritura musical.

Sobre las obras, en la Reseña histórica de Islas de la Bahía el autor se tomó a bien recopilar información de archivos sobre las situaciones que desde el principio ocurrieron en el departamento, que desde 1860 forma parte del territorio nacional de Honduras.

Como dice en su obra:

"Los datos históricos de la dominación española e inglesa en las islas han sido objeto de mucho interés; pero no existiendo archivos antiguos, monumentos, inscripciones, ni testigos oculares que pudieran dar luz sobre aquellas épocas, hay que apelar en parte al testimonio de algunos escritores que algo han dicho sobre esa bella porción del suelo patrio, tan olvidada por la mayor parte de nuestros gobiernos y de la generalidad de los hondureños".

La Reseña histórica de Islas de la Bahía es un viaje hacia su sistema de gobierno, las aventuras en goletas y barcos, el ataque de William Walker y la transición de las islas a formar parte de la República de Honduras.

En la obra Folklore hondureño. Tradiciones de la ciudad de Comayagua (1930), el autor incluyó diez cuentos: "La vetusta cruz de San Francisco y el fantasma de la nube", "La historia del viejo y santo ermitaño de luenga y canosa barba", "La procesión de los angelones en el Día de los Fieles Difuntos", "Encantadora laguna de Geto, una especie de paraíso terrenal", "El caballo sin cabeza", "Un hombre descreído", "La maldición del Ilmo. señor obispo", "La gran columna en la plaza de La Merced de la ciudad de Comayagua", "Las tinieblas de la Catedral" y "Drama popular Los Diablitos".

En la segunda edición de 1947, la cual únicamente nombró Tradiciones de Comayagua, además de los diez cuentos incluidos en 1930, el autor se encargó de enriquecer los relatos a través de investigaciones en archivos, y los incluyó en dicho libro.

En esta edición, don Fernando Patricio separó los relatos en Épocas, Cuentos populares, Leyendas populares, Leyendas y Literaturas populares, y finaliza la obra con una investigación majestuosa sobre el origen de la primera universidad que funcionó en Honduras, la cual tituló: Fundación de la Universidad de Honduras.

En la Época Colonial hay ocho títulos: "La ciudad de Comayagua", "Tradiciones de la ciudad de Comayagua", "La vetusta cruz de San Francisco", "Procesión de los angelones en el Día de los Difuntos", "La historia del viejo y santo ermitaño de luenga y canosa barba", "Encantadora laguna de Geto, como especie de paraíso terrenal", "El caballo sin cabeza" y "Un hombre descreído, réprobo y blasfemo. Sombras negras se lo llevan".

En la sección de Cuentos populares incluyó veinte títulos: "El juez de paz y la tuerta Felipa", "La columna de Fernando VII y las cuentas del Gran Capitán", "Los exámenes del maestro Carlos Reyna", "Un hombre condenado a ser frito en aceite", "Deudor y acreedor", "La estratagema del padre Pope", "Los temblores y el milagro de la Virgen", "La columna de Fernando VII", "Los milagros del Niño de Atocha", "El duende del Barrio Abajo", "Pérdida de los azogues de la Caja Real", "Las tinieblas de la Catedral", "Drama popular Los Diablitos", "Sacerdote preso con freno de plata en la bartolina", "El paseo del pendón", "El obispo emparedado", "Comayagua: tumbas ilustres", "El oro y el maíz", "Por la memoria del presidente don Coronado Chávez" y "Patrios lares y sus leyendas".

Luego, en la sección de Leyendas populares, se incluyeron tres títulos: "El encuentro del maestro Remigio", "Don León fue crucificado" y "El sonámbulo y los buñuelos de Tata Padre".

Para finalizar, en la sección de Leyendas literarias y populares se incluyeron los títulos extra: "Una proclama política", "Una licencia para serenata", "Una carta confidencial", "El latín de un aldeano", "Dos ministros de la Santa Misa" y "Un elocuente sermón".

Ya para concluir, hago mías las palabras de don Fernando Patricio Cevallos Bulnes, quien en la Nota final del libro Tradiciones de Comayagua (1947) expone:

"En mi empeño de dar a conocer las Tradiciones, Leyendas, Cuentos Populares y Relatos Importantes y Tradicionales, he coleccionado algunos de ellos, los que he publicado en varios periódicos del país; y tengo el propósito de seguir desenterrando de nuestros polvorientos archivos todo lo más que me sea posible encontrar y que sea digno de su publicación.

Ojalá que otras personas más capacitadas hagan obra de publicidad folklórica y tradicional, para que las generaciones futuras se deleiten con tan poéticas tradiciones, leyendas y cuentos populares".

A continuación leerán el prólogo de mi padre, Herman Antonio Ramón Ruiz Gaekel.

No me queda más que agregar que don Fernando Patricio Cevallos Bulnes era un verdadero genio, digno hijo de la Real Villa de Santa María de la Nueva Valladolid de Comayagua.

AMOR POR LAS LETRAS Y POR COMAYAGUA

Por: HERMAN ANTONIO RAMÓN RUIZ GAEKEL[2]

Folclore, palabra adaptada al Español que significa conjunto de costumbres, creencias, leyendas y tradiciones populares que caracterizan e identifican un lugar, un pueblo y una región; en nuestro país hay muchas personas que se han dedicado a recopilar las costumbres y tradiciones de diferentes lugares, pero muy pocos lo han hecho con la devoción, con el amor por su terruño y con la dedicación que lo hizo Fernando Patricio Cevallos Bulnes, más conocido como Fernando P. Cevallos, oriundo de la ciudad de Comayagua, descendiente directo de españoles que a mediados del siglo XVIII llegaron a este fértil valle para asentarse definitivamente en este pueblo lleno de tradiciones.

Fernando P. Cevallos era hijo del Capitán de Infantería don Felipe Cevallos Romero, por lo que la prosapia lo unía con el ex presidente de Honduras Terencio Sierra Romero, pues la madre de este Lucrecia Romero, era hermana de Josefa Romero, madre de don Felipe Cevallos y en consecuencia ella era abuela paterna de nuestro bisabuelo don Fernando.

Siendo un párvulo, Fernando Patricio mostró ser muy inteligente, muy inquieto y al ir creciendo él mostró interés genuino por las letras, por el arte, por la música y por la historia, cualidades que a la postre lo llevaron a convertirse en abogado y notario, en un escritor prolijo, en historiador y en compositor musical; Abuelito Nando, a quien tuve la dicha de conocer, era un virtuoso al ejecutar el piano y el violín y según los testimonios de algunos de los feligreses católicos de Comayagua, nunca, nadie pudo igualar la forma diestra en que don Nando ejecutaba el órgano de la catedral de Comayagua, de cuyo teclado arrancaba notas sublimes que al resonar en el eco de dicho templo, hacían vibrar hasta a los más

---

[2] Abogado y notario. Bisnieto de Fernando P. Cevallos.

incrédulos que de vez en cuando asistían a los oficios religiosos celebrados en la catedral comayagüense.

Habiéndose graduado como abogado contrajo nupcias con la joven Petrona Uclés, con quien formó la familia Cevallos Uclés de donde nacieron cuatro vástagos, Humberto, quien nació en 1900 y murió en 1920; Graciela, quien nació en 1904 y falleció en 1987; Ana María Petrona (nuestra abuela materna) quien nació en 1906 y falleció en 1999 y la menor de ellos Adriana, nacida en 1908 en Comayagua y falleció en 1909 en la ciudad de Trujillo, Colón.

A lo largo de su carrera, don Fernando ejerció muchos cargos dentro de la estructura del poder judicial, de la administración pública y de la alcaldía de Comayagua, desempeñando el cargo de Juez de Letras en las ciudades de Comayagua, Trujillo, Colón y Roatán, Islas de la Bahía.

También desempeñó el cargo de Administrador de Rentas en Santa Bárbara, cabecera del departamento homónimo y fue Jefe de Distrito del Municipio de Comayagua.

Su amor por las letras lo inclinaron al estudio de las leyes y del derecho graduándose como abogado en el Colegio Tridentino de San Agustín de la ciudad de Comayagua, su curiosidad y su acuciosidad lo llevaron a adentrarse en los archivos históricos de su amada ciudad natal de donde extrajo datos que le ayudaron a inspirarse para escribir sus libros sobre historia y folclore, el primero de ellos titulado "Reseña Histórica de las Islas de La Bahía" lo escribió en 1919 mientras se desempeñaba como Juez de Letras en Roatán; posteriormente escribió sus dos libros sobre el folclore vernáculo, el primero de ellos titulado "Folklore Hondureño. Tradiciones de la Ciudad de Comayagua" publicado en 1930 y el segundo titulado "Folklore Hondureño. Tradiciones, Leyendas, Relatos y Cuentos Populares de la Ciudad de Comayagua", publicado en 1947 obras en las cuales quedó manifiesto el estilo sencillo pero a la vez colorido de nuestro antepasado.

Don Fernando P. Cevallos fue un hombre reconocido en el ámbito cultural no solo de Comayagua sino que también de Honduras, esto lo llevó a trabar amistad con diferentes personalidades del mundo político, entre quienes destaca el presidente de la República Juan Manuel Gálvez y el presidente del

Congreso Nacional, Dr. Plutarco Muñoz; del mundo científico, entre ellos el fundador de la Escuela Agrícola Panamericana de El Zamorano, el Dr. Wilson Popenoe y la antropóloga Doris Zemurray Stone, mejor conocida como Doris Stone, hija del señor Samuel Zemurray quien era el propietario de la Cuyamel Fruit Company posteriormente convertida en la United Fruit Company; también con personas del mundo cultural como ser el gran músico hondureño Humberto Cano y del mundo de las letras como ser el ilustre Rafael Heliodoro Valle, todas estas experiencias y relaciones de amistad ampliaron el ámbito de actividades en la vida de don Nando.

Fernando P. Cevallos fue un hombre que amaba su patria, amaba su natal Comayagua y amaba su entorno, fue un hábil emprendedor de negocios entre los cuales destacan la fundación de un aserradero en sociedad con su entrañable amigo Emilio Berlioz Salignac; la puesta en operación de un cinematógrafo, una pequeña embotelladora de refrescos, los cuales vendía haciendo uso de su ingenio, en docenas de catorce unidades, es decir, que para promover sus ventas, el consumidor pagaba doce refrescos pero obtenía catorce como producto de esa oferta; fue agricultor, ganadero y simultáneamente dirigía con mucho acierto el Bufete Fernando P. Cevallos, ejerciendo su función como notario hasta un mes antes de su fallecimiento en septiembre de 1965 a la edad de 95 años, su bufete en la actualidad funciona en la ciudad de Comayagua, bajo el nombre de Bufete Ruiz Gaekel, en el mismo local donde originalmente fue fundado.

Don Nando tenía un agudo sentido del humor, sabía una enormidad de refranes los cuales a diario utilizaba coloquialmente, gustaba de las conversaciones constructivas y edificantes, disfrutaba de la ejecución de su piano en las veladas que con frecuencia tenía en su casa de habitación la cual el mismo dirigió su construcción y que actualmente existe en la ciudad de Comayagua una cuadra al poniente de la Plaza Central de dicha ciudad.

En suma, puedo manifestar con certeza, que abuelo Nando fue una personalidad en el foro hondureño, en el mundo de la historia, de las letras, de la música y de la cultura, un individuo extraordinario que sobresalió en todos los campos en los cuales se desempeñó.

Gracias, abuelo Nando, por ser quien fue, por su legado y por haber fundado la familia Cevallos Uclés de la cual orgullosamente descendemos.

Mi gratitud sempiterna por su legado inmarcesible, su bisnieto.

ARTÍCULOS Y ESCRITOS SOBRE FERNANDO PATRICIO CEVALLOS BULNES

ORGULLO DE COMAYAGUA

Por LITZA QUINTANA[3]

En las orillas del Tenguax, a un cuarto de legua al Sur de la ciudad de Comayagua, existe un terreno que todavía conserva el nombre de Peña Cava, y con otro nombre "Hoya Aguadita", de propiedad Bulnes, colindante con la hacienda que actualmente se llama LA GUADALUPE, en terreno de Geto perteneciente a D. Fernando Cevallos.

La tradición dice que al tiempo que se fundó Comayagua, la Hacienda Guadalupe, que está arriba del Tenguaje o Trapiche y de Peña Cava, perteneció al Gobernador Francisco de Montejo, por tanto de este terreno remonta a los orígenes de la misma ciudad y se encuentra dispersa en varios expedientes que refieren la vida de un español, Juan de Peña Cava, uno de los trabajadores más útiles que pasaron a Honduras, y se puede decir, el primer industrial del Valle de Comayagua.

El joven Peña Cava era tan industrioso que sabía hacer de todo y sus servicios fueron de gran importancia en los principios de la Colonia. Los calzados y obras de cuero que él trabajaba, valían la mitad de lo que costaban comprándolos en Guatemala. He aquí por qué todos los testigos lo defendieron, cuando se trató de sus pleitos.

El 12 de enero de 1604, muchos años después de la muerte de Peña Cava, Fray Pedro Macías, procurador de los Mercedarios de Comayagua, se presentó ante el Gobernador don Jorge de Alvarado (nieto del Conquistador)…

---

[3] Elvia Castañeda de Machado. Nació en El Rosario, 5 de febrero de 1932 y falleció en Tegucigalpa el 30 de junio de 2014. Ensayista, periodista y poeta.

DATOS SOBRE FERNANDO PATRICIO CEVALLOS BULNES

Administrador y Magistrado: Fernando Patricio Cevallos Bulnes, nació en Comayagua (17 de marzo de 1870 – 3 de septiembre de 1965). Se graduó de bachiller en el Colegio Tridentino de Comayagua.

Licenciado en Derecho por la Facultad de Derecho de la ex capital de Honduras.

Juez de letras de Comayagua y magistrado de la Corte de Apelaciones.

Administrador de Rentas en Santa Bárbara.

Alcalde de Comayagua en varios períodos y gobernador político. Catedrático en el Instituto León Alvarado. Escritor e historiador.

Iniciador de los estudios folclóricos. Recopiló las tradiciones de su natal Comayagua (1930) y de la región central y occidente.

Uno de los primeros en ocuparse del imaginario cultural expresado de la danza, tradiciones orales y canto.

Escribió "Reseña Histórica sobre las Islas de la Bahía" (1916), en ese momento desconocida para el público nacional. Ese libro nace de su permanencia como administrador y gobernador político de las Islas de la Bahía.

CEVALLOS Y NUESTRAS DESCONOCIDAS FUENTES DEL FOLKLORE:

I

"En una sociedad, cualquiera que sea, todo se liga y determina. La estructura política y social, la economía, las creencias, las manifestaciones más elementales, lo mismo que las más sutiles de la mentalidad, todo lo que existe, no ha salido de la nada, tiene una tradición".
Marc Gloch.

El folklore es expresión de la vivencia que los pueblos tienen de su realidad, de su cultura; viene a ser la intuición segura de su espíritu esencialmente creador y no utilitario.

Es totalmente cierto que existen relaciones muy estrechas entre la folklorología y los estudios del pasado y que el análisis de los hechos que acontecen en las clases populares es importante para la comprensión de muchos fenómenos históricos.

El historiador y folklorista guatemalteco Celso A. Lara afirma que "lo pasado está unido de tal manera a la tradición, que ella misma, en su totalidad, se convierte en un hecho histórico".

Confirmamos lo anterior después de leer a un esforzado folklorista hondureño a quien nadie menciona.

Su nombre se mantiene en el marginamiento del olvido insidioso, sobre el cual se erigen algunos pseudovalores, egocéntricos e ignorantes de nuestra realidad social. Porque en Honduras son muy pocos los que se han dedicado con patriotismo a conocer esta importante rama etnográfica.

Sí lo hizo con cariño y fervor el coterráneo que nos ocupa: el licenciado FERNANDO P. CEVALLOS, autor de:

"Folklore Hondureño. Tradiciones de la Ciudad de Comayagua", Tipografía Nacional, Tegucigalpa (1930).

Cuya segunda edición aumentada apareció bajo el nombre:

"Folklore Hondureño. Tradiciones, Leyendas, Relatos y Cuentos Populares de la Ciudad de Comayagua", impresa en los Talleres Tipográficos Nacionales de Tegucigalpa, en 1947, y en ambas ocasiones debido al interés intelectual de otro hondureño ejemplar: Don Manuel M. Calderón.

En la Nota Explicativa incluida en la edición de 1947 se dice que estas Tradiciones de Cevallos "Nos enseñan las creencias y costumbres del legendario pueblo conventual; su arraigada y desenfrenada psicología para juzgar ciertos aspectos humanos; su inquebrantable fe en la Iglesia Católica; como también la manera de concebir la vida y el castigo del pecado conforme a las características del medio; y algo más importante; nos cuenta el lenguaje elocuente y sencillo por lo menos en sus formas elementales, pasajes de acontecimientos memorables a la vida social de Comayagua, la ilustre ciudad colonial; su ambiente austero preñado de supersticiones y tiempos en los que la fe religiosa era un monumento y el honor una roca indestructible".

El licenciado Fernando P. Cevallos, a quien la generación de los años 50 solo conoció como *el anciano*, quizás doblegado por la lucha estéril contra un medio indiferente y destructor, fue un hombre verdaderamente preocupado por traducir en fe cívica y en cultura, su amor por Comayagua.

Buceó con serena acuciosidad en los archivos, para salvar los aportes de la cultura popular que de otra manera se hubieran perdido, como consecuencia de la depredación y el descuido con que, tradicionalmente, ve el hondureño la documentación que deja constancia de nuestro original pretérito.

Cevallos llega a conclusiones valiosas sobre lo que en los siglos XVI, XVII y XVIII la Villa de Valladolid; su Fundación, Cultura Colonial, Obras Arquitectónicas, Arte Pictórico y Escultórico, Orfebrería Colonial, Música Colonial y Vestigios, para incluir después bellas TRADICIONES que se inician con un suceso maravilloso y fantástico ocurrido en Comayagua en 1603, sobre "La vetusta cruz de San Francisco y el Fantasma de la Nube". Luego incluye: La procesión de los angelones, Leyenda macabra de la procesión de las ánimas; La historia del viejo y santo ermitaño de luenga y canosa barba; La encantadora laguna de Geto especie de paraíso terrenal; El caballo sin cabeza; Un hombre descreído, réprobo y blasfemo a quien se llevan las sombras negras. Agrega algunos Cuentos Populares de 1542 a 1892 sobre El Juez de Paz y la tuerta Felipa; La columna de Fernando VII y las cuentas del Gran Capitán; Un hombre condenado a ser frito en aceite; Los temblores y el milagro de la Virgen; Los milagros del Niño de Atocha; el Duende en el Barrio Abajo; La pérdida de los Azogues de la Caja Real; aterradoras ceremonias litúrgicas; dramas populares en verso de moros, cristianos y el Emperador Diocleciano; el Paseo del Pendón Real en el año 1578; el sacerdote preso con freno de plata; el Obispo emparedado en 1611 y otros escritos sobre tumbas ilustres y del siglo XIX.

Digno ejemplo el de Cevallos quien sin ayuda de algún personal se volcó a investigar en los archivos. Nunca tuvo, este investigador por vocación, la dicha de ser enviado a conocer y explorar los Archivos de España de donde hubiera extraído tesoros insospechados todavía.

Fue además hombre de fino temperamento artístico que desataba las notas armoniosas de los grandes maestros, al interpretar música sacra en el órgano de la Catedral comayagüense, en misas oficiadas durante varios años.

Una pluma insigne del continente americano sí reconoce el valor de la obra de Cevallos: Rafael Heliodoro Valle lo cita al lado de investigadores notables en su trabajo "FUENTES DEL FLOKLORE EN HONDURAS" (Revista de la Biblioteca y Archivos Nacionales, Nos. 9 y 10, Tomo 19, año 1950). Quizás valga la pena recordar otro de los nombres que anota Valle con relación al tema. Al ubicarnos en las prístinas memorias, indica que las fuentes del folklore hondureño aparecen primero en cuatro Cronistas de Indias: Fray Bartolomé de las Casas, José de Acosta, Fray Juan de Torquemada y Antonio de Herrera y Tordesillas.

Que más tarde se manifestó la desconocida Mosquitia en la curiosidad de algunos viajeros como John Wright, Thomas Stranways, Thomas Young y George Ephraim Squier, quien dejó en "W Ikna" y en "Adventures on the Mosquito Shore" bellas páginas para ser ubicadas al lado de las de William V. Wells en "Explorations and Adventures in Honduras".

Valle cita además a escritores de tradiciones como Gonzalo Guardiola en sus Tradiciones Tegucigalpenses; Francisco Cruz en la Medicina Popular; a Pompilio Ortega con sus "Patrios Lares", Alberto Membreño y José Reina Valenzuela.

Se refiere a viajeros como Arthur Morelet y William V. Wells en la música popular. En los cuadros de costumbres recuerda a José Trinidad Reyes, Ramón Rosa y Froylán Turcios. Al buscar en el color regional nuevas rutas de expresión menciona a Esteban Guardiola, Jesús Aguilar Paz, Francisco y Samuel Díaz Zelaya, Martín Alvarado, Carlos Izaguirre, Francisco Hinestroza, José Inestroza Vega, Francisco Martínez Landero, Eduardo Martínez López, Miguel Ángel Ramos, Inés Navarro, José María Tobías Rosa, Joaquín Soto, Antonio R. Vallejo, Jeremías Cisneros y otros hondureños de antaño.

Se dice que por su posición geográfica y por las diversas corrientes humanas que han confluido en su territorio, Honduras es uno de los países ricos en folklore. Pero al igual que otras riquezas, está inexplorada, inédita.

Hay que poner en orden los materiales que se hallan dispersos y, sobre todo, hacer un estudio comparativo que permita distinguir lo que es autóctono. La tarea debe ser emprendida hoy por un grupo de hombres de estudio que estén debidamente preparados y puedan aprovechar los pocos inventarios que existen.

FERNANDO P. CEVALLOS nos demuestra con sus Tradiciones de Comayagua que sólo hace falta un poco de voluntad y sobre todo mucho patriotismo, para emprender esta obra de engarzar en páginas, las expresiones genuinas de este nuestro pueblo de donde provenimos todos y cuya nobleza, ingenuidad y tendencia fraterna, quizás también, dentro de muy poco serán tan solo una leyenda.

(Tomado de Diario El Heraldo, sábado 9 de enero de 1988).

ANDRADE "EL OBISPO EMPAREDADO"

Honduras, como todos los pueblos subdesarrollados, es un país de muy escasas vías de comunicación, lo que hace que los materiales folklóricos se encuentren puros en las comunidades aisladas e inéditas en los archivos municipales, especialmente en aquellos donde existen documentos judiciales, así como en los eclesiásticos.

Rafael Heliodoro Valle expresa que el pueblo hondureño es, por naturaleza, introvertido y un pueblo que casi no canta; que carece de canciones propias. Pero que sí está dotado de imaginación fértil y es hábil narrador. De esta forma, nuestras áreas rurales poseen apreciable riqueza en leyendas, refranes, apodos, tradiciones, cuentos, etc.

El psicólogo que se interesara en estudiar nuestra gente, podría encontrar aquí la plenitud de esa realidad humana que proporciona una sociedad heterogénea constituida por indios, negros, mestizos, blancos y de otras razas.

Las fuentes del folklore son genuinas en las expresiones etnográficas de regiones como La Mosquitia, filón que nutre la medicina afrohondureña o la de algunos grupos terrígenas como los mosquitos, caribes, zambos, morenos, toajkas, payas chortíes, y otros grupos de costumbres indígenas.

En nuestro pueblo se hace necesario clasificar las canciones de cuna, leyendas y mitos, supersticiones, bailes y fiestas populares, costumbres, medicina popular, recetas de cocina, cuentos de caminantes, proverbios, provincialismos, tradiciones y sucedidos, folklore de árboles, animales y elementos naturales como las aguas (ríos, lagunas, lagos, pozos, manantiales).

Nuestras creencias populares son inverosímiles y curiosas: el Diablo, numerosos tipos de fantasmas, el Duende, el Padre sin cabeza, carretas de huesos, la Sucia, Segua o Siguanaba; las leyendas sobre tesoros, flores, sirenas y otros animales marinos; las minas perdidas, lagunas encantadas, animales y nahuales, Cristos milagrosos, maldiciones colectivas y tantos otros hechos inusitados que provocan profundo temor en niños y adultos, haciendo del hondureño como dice Pompeyo del Valle, un "hombre místico".

El folklore hondureño es de mismo tipo que circula por todo el continente americano.

Pocos hondureños han utilizado los archivos con tan especial delectación como el folklorista FERNANDO P. CEVALLOS, sin alterar con la imaginación o afán de notoriedad, los datos primordiales, cumpliendo así, con el deber de conservar la integridad de los textos originales.

Tomando como único motivo la antigüedad de hecho, nos referimos aquí a tres relatos que los narra con estilo encantador FERNANDO P. CEVALLOS en sus TRADICIONES DE COMAYAGUA.

Para resumir el primero, recordemos que en el año 1887 fue nombrado Obispo de la antañona ex capital, el clérigo secular guatemalteco Dr. Manuel Francisco Vélez, autor de un documentado trabajo que se llama "Erecciones de las Iglesias y Diócesis de Centro América".

El licenciado Cevallos manifiesta con orgullo haber sido Organista en la Catedral de Comayagua en 1890.

La amistad entre ambos y la curiosidad histórica de Cevallos le llevaron a encontrar, manuscritos que le prestó el Dr. Vélez, interesantes relatos verídicos como aquel denominado "Pérdida de los Azogues de la Caja Real", hecho acaecido el 14 de mayo de 1544, cuando llegaron a Comayagua los Oidores Diego de Herrera, Pedro Ramírez de Quiñónez y Juan Rogel; y en el que, a raíz de un arqueo sobre reconocimiento de ocho quintales castellanos de azogue, (que condenado a morir con las manos desolladas y luego ahorcado ante numeroso público, el Guardián, por haber desaparecido tal tesoro en forma inexplicable.

Después del ajusticiamiento, los Oficiales de la Caja descubrieron, en el fondo de la gran pila, unas grietas casi imperceptibles, causantes de que se hubiese filtrado el precioso metal.

Esto induce a creer que cuando se restaure el edificio de la Caja (o Casa) Real de Comayagua, es posible se encuentre todavía parte de lo que diera lugar a la injusta muerte del supuesto ladrón de los Tesoros Reales.

En el "Paseo del Pendón" encontramos el origen de varias costumbres de las ferias patronales y fiestas cívicas. Desde 1578, los Ayuntamientos ordenaban que se jugaran toros, se hicieran paseos de cañas, carreras de caballos y de alcancías; que los altos funcionarios usaran sus lujosos trajes y se engalanaran las plazas, las calles y casas, con vistosas colgaduras y alfombras y que el Pendón Real fuera conducido por el Gobernador Provincial, yendo a su diestra los Nobles, los Alférez, Alcaldes y Regidores; y que al llegar a la Santa Catedral, se entonasen solemnes Vísperas por la tarde y Maitines por la noche, todo ellos al compás de la música, trompetas, chirimías y sacabuches, con el regocijo popular.

Desde la época federal o republicana, en nuestras fiestas cívicas fue tomado el ritual del Paseo de la Bandera Nacional. De 1611 data el emparedamiento del Ilmo. Señor Obispo don Francisco Gaspar de Andrade, de orden del Gobernador de la Provincia Juan Guerra y Ayala. Es Andrade "El Obispo Emparedado", religioso de la Orden de San Francisco, cuyos restos se encuentran depositados en el "sarcófago de los obispos" de la Catedral, que existe desde 1625.

Este hecho terrible sucedió debido a las desavenencias entre ellos y a raíz del litigio por un prisionero. Al Obispo se le tapiaron puertas y ventanas de su residencia y estuvo siete días en cautiverio; al ser sacado por el techo de la casa por personas piadosas, echó esta maldición sobre Comayagua: "De este lugar no quiero llevar ni el polvo en mis sandalias: y de hoy en adelante, en sus campos nacerán solamente espinas y abrojos".

Quiso la suerte que al regresar el Obispo, ya destituido Ayala por la Real Audiencia, levantó la maldición y murió en la ciudad.

Muchas otras tradiciones, leyendas, cuentos y constumbres narra Cevallos con ingenuo amor por su ciudad natal. Y sólo la ceguera o ignorancia de las autoridades encargadas de orientar nuestra cultura y educación, hace que muchas otras obras fundamentales para el cultivo de la nacionalidad y conocimiento de nuestro folklore, permanezcan en el más completo olvido.

Es deber de todos los hondureños colaborar en alguna forma para la obra de reconstrucción espiritual de esta Patria desorientada y anarquizada, por fuerzas externas e internas que se mueven en la sombra, con el objeto de despojarnos de todo aquello que nos pertenece por ancestro e imponernos costumbres extrañas o extravagantes que alienan a la juventud.

Nuestro folklore estará colocado sobre bases firmes, cuando quienes se consideran sus dueños únicos, olviden su individualismo y cuando un equipo de ciudadanos, maestros, estudiantes o instituciones culturales, conozcan y utilicen en debida forma sus fuentes primigenias que deberán ser las siguientes:

a) Los pocos materiales impresos existentes en ediciones de esfuerzo particular por sus autores y los cuales nadie se preocupa por reeditar.

b) Materiales que pueden ser recogidos por un grupo de estudiosos o maestros de las Escuelas Primarias o Medias, debidamente orientados para la tarea (el gran Heliodoro Valle recogió, a través de sus alumnos normalistas en las clases de Literatura de 1942, varias noticias que utilizara en sus libros "Tierras de Pan Llevar" y "La Musa Popular Hondureña").

c) Búsqueda organizada, en los archivos Municipales, Eclesiásticos y del Estado.

d) Los materiales de otros países centroamericanos que permitan establecer similitudes y diferencias.

e) El conocimiento de los Cronistas de la Colonia o de folklorólogos como: Francisco Altshul, Fray Simón Barud; Chas N. Bell; E. Conzemius; Fray Bernardo Espino; Gonzalo Hernández de Oviedo y Valdés; Charles R. Finger; Manuel Fleury; J. E. Foster; Juan Galindo; Rafael Girard; Henderson George; Hodgson; Ángel Lindorosa; José Milla; Arturo Morelet; Antonio Ramírez Fontecha; Rómulo E. Durón; Marco Aurelio Soto; Efraín G. Squier; Víctor Wolfgang Von Hagen; Thomas Young; Luis Andrés Zuniga y otros ya mencionados anteriormente, quienes sintieron el llamado de la tierra hondureña para enseñarnos a venerar su cultura popular a través del libro, fruto de un esfuerzo que salvará todo lo nacional ante la generaciones venideras y la posteridad.

(Tomado de Diario El Heraldo, sábado 16 de enero 1988.

DOCTOR FERNANDO P. CEVALLOS

El Dr. Cevallos nació en Comayagua, siendo sus padres el Coronel Don Felipe Cevallos y Doña Francisca Bulnes. Es descendiente directo del Capitán de Infantería española Don Fernando de Cevallos, que fundó su familia en Comayagua, en la época colonial.

En la misma ciudad hizo sus primeros estudios, con los pedagogos don Francisco Boquín y Don Tomás Escoto, graduados en Guatemala.

Después de la toma de Roma por las fuerzas piamontesas, llegó a Comayagua el sabio italiano Don Pascual Papiry y bajo su dirección en el Colegio "León Alvarado", cursó sus estudios de bachiller el hoy Dr. Cevallos.

Sus aficiones musicales lo hicieron interrumpir sus primeros estudios para dedicarse a aprender piano y órgano con los eminentes profesores Cesare G. Vélez, del Conservatorio de Roma, y el organista Tebís García de los Conservatorios de Guatemala y Méjico.

Fueron tan notables los adelantos, del joven Cevallos, que entonces tenía solamente 15 años, que al ausentarse el maestro García, el Ilustrísimo Obispo Vélez, lo encargó del órgano de la Catedral de Comayagua durante las festividades del primer Sínodo Diocesano celebrado en 1890.

Allí estuvo dos años como organista, sin que por ello abandonase sus estudios de Derecho en la Escuela de Derecho de Comayagua, con profesores tan eminentes, como los Dres. Jesús Inestroza, Román Meza, Julián Cruz, Pedro A. Medal, Joaquín Soto, Abel Boquín, Francisco Meza y otros, después de un lúcido examen, el año 1899 y en el mismo año como abogado.

Dicho año contrajo matrimonio con la distinguida señorita Petrona Uclés, fundando un honorable hogar.

Desde muy joven, tomó parte en campañas militares y figuró en las fuerzas que en la campaña del Dr. Dávila tomaron a Comayagua y Tegucigalpa. Fue habilitado de guerra en la campaña liberal del Dr. Ávila.

Entre otros puestos públicos, ha desempeñado los de Juez de Letras en distintos departamentos, Magistrado de la Corte de Apelaciones en Comayagua, por dos períodos, Administrador de rentas de Santa Bárbara, Gobernador Político de Comayagua, Alcalde y Síndico de la misma ciudad, Profesos en el Colegio "León Alvarado" y Síndico del Casino de esa ciudad.

Ha colaborado en el periódico de Comayagua "Unión Centralista" y en varios diarios de Tegucigalpa, publicando diversas obras, entre ellas, La Reseña Histórica de las Islas de la Bahía, Folklore Hondureño, y la Monografía del Departamento de Comayagua. Ejerce su profesión, es un fuerte ganadero, poseedor de la magnífica hacienda "La Guadalupe", y dueño de la fábrica de aguas gaseosas "Celguapa".

Fue el primero en traer a Honduras un aparato de radio y el primero que introdujo en el país el cinematógrafo.

(Tomado de Guía de Empresarios y Personajes de Honduras, 1933).

LIBRO I: RESEÑA HISTÓRICA DE LAS ISLAS DE LA BAHÍA

DICTAMEN

Excelentísimo Sr. Ministro:

Me es altamente satisfactorio manifestar a Ud. mi agradecimiento por la honrosa distinción que me ha discernido, al encomendarme para su estudio la Reseña Histórica de las Islas de la Bahía, presentada al Gobierno para su publicación por el autor de ella, Licenciado don Fernando P. Cevallos.

Este trabajo, aunque superior a mis esfuerzos, lo he aceptado sin excusa alguna, guiado únicamente por la patriótica idea de que todo ciudadano está en el deber de prestar sus servicios a la patria, y por el ingenuo deseo de corresponder, siquiera en algo, a la confianza con que me ha favorecido el honorable señor Ministro.

Estimulado por estos sentimientos, estudié la pequeña obra del señor Cevallos, auxiliado del conocimiento que tengo de las Islas y de los importantes datos recogidos por el autor de la Guía de Honduras, General don Fernando Somoza Vivas, quien cita en ella al distinguido escritor hondureño don Francisco Cruz y a varios otros historiadores que se han ocupado del pintoresco departamento de las Islas de la Bahía.

Así es que poco a nada he tenido que aportar al juicio que he formado sobre la expresada Reseña.

El Señor Cevallos encabezó su pequeña obra con la advertencia que dice: "Los datos históricos de la dominación española e inglesa en las Islas, han sido objeto de mucho interés; pero no existiendo archivos antiguos, monumentos, inscripciones, ni testigos oculares que pudieran dar luz sobre aquellas épocas, hay que apelar en parte al testimonio de algunos escritores que algo han dicho sobre esa bella porción del suelo patrio tan olvidada por la mayor parte de nuestros Gobiernos y de la generalidad de los hondureños, etc.".

Siguiendo el orden natural y lógico de las obras destinadas a dar a conocer un país o una sección de él, juzgo de verdadero interés hacer del lugar un ligero bosquejo, si más no se puede, para llevar a la mente del lector una idea clara de su posición geográfica, política y económica, y en especial de las garantías que ofrecen al extranjero que viene a Honduras con el noble y santo propósito de trabajar.

Bien se comprende que es tarea muy ardua buscar lo cierto en lo ignorado, a través de tradiciones, leyendas, consejos y hasta falsedades consentidas ya de antiguo por muchas generaciones; pero es preciso convencerse que el prestigio, seriedad y respeto que debe inspirar la Historia, como la maestra del género humano, solo se alcanza desentrañando la verdad de los profundos y obscuros antros de los tiempos, rodeada de las evidencias que la llevan resplandeciente y pura al seno de la posteridad.

Repetir lo dicho por otros escritores que no han involucrado en su descripción las fuentes de donde abrevaron su inteligencia o los documentos que justifiquen los hechos consignados, es no disipar la duda que tal proceder entraña; es paralizar el movimiento literario de las ciencias y de las artes y, en consecuencia, perder la misión meritoria de la Historia.

Si nuestros Gobiernos pudieran nombrar comisiones para el estudio en España de los Archivos de Indias y los de nuestra América, de seguro se obtendría un caudal de conocimientos, que bastarían para escribir, con lujo de datos, la historia de cada una de las diminutas secciones, en que, para desgracia nuestra, se encuentra aún dividida Centro América.

La pequeña Reseña Histórica del señor Cevallos consta de IX capítulos en los cuales comprende el descubrimiento, colonización, dominación inglesa, soberanía de Honduras, leyes y tratados sobre las Islas de la Bahía, agregando en ellos la invasión de Walker en Trujillo y la expedición del Sherman.

El Capítulo I constituye la introducción o advertencia que hace el señor Cevallos de los medios con que contó para escribir la Reseña Histórica en referencia, y en el II narra muy ligeramente el descubrimiento y colonización de las Islas, debido, sin duda, a la carencia de antecedentes para darle la ampliación merecida.

Sobre esto mismo escribió el bien reputado y erudito escritor don Ignacio Gómez, un artículo publicado en el número 52 del periódico La América Central, que contiene una serie de importantes datos, recogidos, tal vez, de valiosos documentos.

También el inteligente escritor General Somosa Vivas hace una metódica y extensa exposición, acerca de las Islas de la Bahía, en el trabajo estadístico presentado el año de 1904 al Gobierno presidido en aquella fecha por el inolvidable hondureño General don Manuel Bonilla, trabajo que tiene por título Guía de Honduras, impresa en la Tipografía Nacional por cuenta del Estado.

Mas a pesar de que las dos primeras materias fueron tratadas con verdadero laconismo, las demás a que se contraen los ocho capítulos restantes, si bien se resienten algunos pasajes por falta de especificación de comprobantes, en cambio encierran un número considerable de hechos, que son, en su mayor parte, contemporáneos por haber testigos oculares que aún los relatan más o menos con sindéresis.

Respecto a la última aventura del audaz filibustero William Walker, quizá habría sido mejor formar un folleto aparte de ella, en atención a la magnitud y gravedad de los acontecimientos y a que el teatro de ellos no fue Roatán, sino este puerto, donde hay todavía testigos de aquel sangriento drama.

Sin embargo, ya que en la Reseña Histórica se ocupa el Señor Cevallos de la invasión de Walker, bueno es consignar el hecho que oí repetir a varios notables vecinos de esta ciudad y que, a ser cierto, no debe quedar en el olvido. Cuando Walker fue capturado en el lugar denominado La Criba, por el Comandante Salmón, el vapor de guerra Icarus, se asegura le dijo estas textuales palabras: Rindo mi espada a un oficial de la corona inglesa, bajo cuya bandera me acojo.

La espada, según informes, fue dirigida por las autoridades hondureñas de este puerto al Sr. Presidente de la República, General don Santos Guardiola, quien consideró al Gobierno de Nicaragua más propio de conservarla, y en esta virtud autorizó a su Ministro de Relaciones Exteriores, que lo era entonces el Sr. Dr. don Cresencio Gómez, para su remisión. La nota, lo mismo que la respuesta, deben estar publicadas en algún periódico de aquella época, si lo referido fuere cierto.

En el concierto general del progreso cualquiera iniciativa útil propende siempre a enriquecer la civilización de los pueblos, por eso constituye un mérito laudable el acarrear elementos para la realización de una obra de positivo interés público; así es que los granos de arena recogidos por el Lic. Don Fernando P. Cevallos en las playas de las bellas Islas de la Bahía servirán de mucho al literato que emprenda un día la pesada pero meritoria labor de construir el grandioso monumento que se llamará HISTORIA DE HONDURAS.

Mariano Guillén.

Al señor Ministro de Instrucción Pública, Rómulo E. Durón
Tegucigalpa.

APROBACIÓN DEL PRESIDENTE A. MEMBREÑO

Tegucigalpa. 20 de octubre de 1915.

Vista la solicitud presentada por el Lic. Don Fernando P. Cevallos, contraída a pedir la impresión por cuenta del Gobierno, de su obra Reseña Histórica de Islas de la Bahía sin más compensación que doscientos ejemplares impresos de la referida obra.

Visto, asimismo, el dictamen que, en virtud de comisión oficial, emitió el Lic. Don Mariano Guillén quien es de parecer que se acceda a lo pedido, y

Considerando, que es conveniente estimular el esfuerzo de los que se dedican a estudios de interés público.

Por tanto:
El Presidente,

ACUERDA:

Resolver de conformidad la expresada solicitud, mandando, en consecuencia, que en la Tipografía Nacional se imprima, en número de mil ejemplares, la Reseña Histórica de Islas de la Bahía escrita por el Lic. Don Fernando P. Cevallos.

Comuníquese,
MEMBREÑO.
El Secretario de Estado en el Despacho de Instrucción Pública,
Rómulo E. Durón.

CAPÍTULO I: INTRODUCCIÓN A RESEÑA HISTÓRICA DE LAS ISLAS DE LA BAHÍA

Los datos históricos de la dominación española e inglesa en las Islas, han sido objeto de mucho interés; pero no existiendo archivos antiguos, monumentos, inscripciones ni testigos oculares que pudieran dar luz sobre aquellas épocas, hay que apelar en parte, al testimonio de algunos escritores que algo han dicho sobre esa bella porción del suelo patrio, tan olvidada por la mayor parte de nuestros Gobiernos y de la generalidad de los hondureños, quienes no han visto en dichas islas, más que áridas rocas y abrasados desiertos, propios tan solo para ser habitados prisioneros políticos y gente de color; todo lo que es un error lamentable que pone de manifiesto nuestra ignorancia en asuntos que nos atañen muy de cerca, y que hablan mal de nuestro patriotismo; pues tenemos obligación imperiosa de estudiar y conocer la historia y geografía patrias, antes que engolfarnos en el estudio de los demás rincones del planeta.

Uno de los escritores nacionales que algo han dicho sobre esas islas, es el ilustre e inolvidable hijo de Comayagua, don Francisco Cruz, padre de nuestro maestro y amigo, el Doctor Julián Cruz; pero ignoramos las fuentes en que se empapó el señor Cruz para escribir su folleto, por más que hemos tenido ocasión de enterrar nuestras pestañas, por muchas veces, en los polvorientos archivos de la Sala Capitular de la Catedral de Comayagua, de los que sacamos con motivo de la cuestión de límites entre Honduras y Nicaragua, muchos documentos importantísimos entre los que figuran expedientes matrimoniales creados por los curas de Cabo Gracias y Río Tinto, y mandados en revisión o consulta al Diocesano de la entonces Gobernación de Honduras; pero cualquiera que haya sido esa fuente en que abrevó su talento el señor Cruz, sus preciosos datos sobre épocas tan remotas, los creemos revestidos de los caracteres de la verdad y autenticidad que necesitan, para tomar carta de ciudadanía en nuestra historia patria, dada la honorabilidad y rectitud de que gozó el señor Cruz.

CAPÍTULO II: DESCUBRIMIENTO– COLONIZACIÓN

El ilustre marino genovés Cristobál Colón, en su cuarto y último viaje a América, después de mil contrariedades para realizarlo, dispuso dirigir sus naves hacia el Sur; y el día 30 de julio de 1502 descubrió la isla de Guanaja o Bonaca, como la llaman los ingleses, dándole el nombre de Isla de Pinos, a causa de los pinares de que está poblada la isla.

No se sabe porque lado hizo Colón su arribo a la Isla de Pinos o Guanaja, o si se quedó en alta mar al cuidado de sus barcos; pues por la Banda Norte es inaccesible por los muchos arrecifes, sucediendo lo mismo por la Banda Sur, en la que se encuentran más de diez islotes o cayitos, entrelazados por arrecifes, y por los cuales no pueden pasar embarcaciones.

Desde allí se divisan las costas de Trujillo, lo mismo que la famosa Punta Castilla o Puntilla, a la que arribó el ilustre marino, el 14 de agosto de 1502.

Después del descubrimiento de La Guanaja, vinieron a ella los conquistadores españoles Juan Díaz Solís y Vicente Yañez Pinzón; pero el establecimiento que éstos fundaron, sin duda fue efímero, puesto que no existen vestigios de ellos ni ruinas antiguas, encontrándose sí, en algunos puntos de la isla, utensilios de indígenas de poca significación.

En dicha isla, y en el punto llamado Plan Grande, existe una gran cueva a la cual no se ha podido penetrar; y se cree que en ella se ocultaban a los indígenas para escapar de la furia de los conquistadores o los piratas ingleses para ocultar sus tesoros y armamentos.

El ex presidente General don Terencio Sierra, cuando visitó a Guanaja, en compañía de su Ministro de Fomento don Francisco Altschul, trató de escalar la montaña para explorar dicha cueva, lo que nunca pudo conseguir a causa de que los guías por malicia o ignorancia los extraviaron.

Don Francisco Cruz dice en su folletito que "esas islas estaban pobladas de indios bastante civilizados"; pero tal acierto no nos para muy fundado, a juzgar por los objetos encontrados, como antes hemos dicho, consistentes en vasijas, juguetes de barro, piedras mal labradas, etc., etc.; pero nada de edificios, fortalezas y palacios que, como los de Copán, del Palenque, llamados también de Tula y Nachán, los de Utatlán y de Cotzumalguapa, aún desafían la furia destructora de los tiempos.

Los pobres indígenas a pesar de ser pacíficos, fueron tratados con gran rigor, hasta el grado de ponerse en duda su condición de seres racionales; y los Gobernadores de La Habana, interesados en explotar la raza humana existente en las islas, dirigieron a la Reina de España, apasionados y falsos memoriales, en que se pintaba a los indios, como seres indomables, incapaces de civilizarse, habiendo conseguido que la Reina emitiera cedulas en que concedía licencia para que cualquier español pudiera cautivar y vender en los mercados de La Habana, los esclavos indígenas, quedando así implantado el oprobioso régimen de esclavitud, en la tierra libre de América.

Don Diego de Velásquez, Gobernador de Cuba, autorizó una expedición en 1516 que salió de Santo Domingo, compuesta de sesenta hombres, con rumbo a las islas; y al llegar los españoles, bien armados, saltaron a tierra capturando gran cantidad de indios, después de lo cual regresaron a La Habana; pero los astutos indios, a quienes retenían encerrados en las escotillas de los barcos, rompieron sus prisiones y se lanzaron furiosamente sobre sus opresores, a quienes asesinaron, después de lo cual se apoderaron de las embarcaciones, izaron velas, haciéndose a la mar con rumbo a las Islas, distantes de La Habana, como doscientas cincuenta leguas.

Al saber el Gobernador la fuga de los indios hizo armar dos embarcaciones, las cuales lanzó en persecución de los fugitivos, quienes llegaron sanos y salvos a su adorada isla de Guanaja; pero al poco tiempo llegaron sus perseguidores, y se trabó un reñido combate, habiendo salido vencedores los españoles, quienes capturaron quinientos indígenas que se llevaron, para ser vendidos, como esclavos, en La Habana.

En vista de tantas atrocidades, los indios de las islas resolvieron ir a Trujillo, en donde a la sazón se encontraba Hernán Cortés, a darle cuenta de los maltratos que les daban los españoles, y el Conquistador, conmovido, oyó sus súplicas y mandó un bergantín con cuarenta hombres bien armados y los mejores cañones que tenía; pero cuando esta expedición llegó a las islas, aquellos se habían ido para La Habana, con su cargamento de ganado humano.

CAPÍTULO III: FILIBUSTERISMO. – PIRATAS INGLESES Y HOLANDESES

Aquellas islas fueron cruelmente atormentadas por los piratas ingleses y holandeses; y a consecuencia de haber incendiado el establecimiento español de Guanaja el año de 1639, la Madre Patria mandó su famosa escuadra La Invencible, la cual estuvo fondeada en Puerto Real; y estableció allí su base de operaciones, para perseguir el filibusterismo, y limpiar esos mares de piratas.

Puerto Real queda en la Banda Sur de la Isla de Roatán, delante de Oack – Ridge, siendo su bahía la más grande y hermosa de esas islas, capaz de dar cabida a los más grandes acorazados del mundo; y está defendida por todos lados en los que existen altiplanicies y cerros elevados, siendo uno de ellos, el que lleva el mismo nombre, el más alto de la isla, y que se divisa desde las costas trujillanas.

Sobre todos estos cerros que defienden la bahía se encuentran emplazados grandes cañones de nueve a doce pies de largo; restos de fortalezas, fortificaciones y pedazos de fusiles antiguos.

Al contemplarse aquellas tranquilas aguas de Puerto Real que un día fueron batidas por la Invencible de Felipe II y ver aquellos escarpados cerros, testigos mudos de las proezas ibéricas; y sobre sus altas cimas, emplazados, como eternos centinelas que cumplen su eterna consigna, aquellos formidables cañones, apagados y enmudecidos desde 1821, el alma se llena de un religioso respeto y recogimiento; y la vista parece que descubre, allá en el fondo de la bahía, cien mástiles, flameando en ellos el pendón ibérico, ese mismo que el memorable doce de octubre de 1492, saludó a la Virgen América, desde las alturas del palo mayor de la Santa María.

Después del retiro de La Invencible volvieron los piratas por el lado de Guanaja, y se fortificaron en Plan Grande, lugar donde existe la famosa cueva de que se ha hecho mención; pero las autoridades españolas residentes en el Reino de Guatemala, en el de Santo Domingo y Cuba, al tener noticia de esa nueva invasión de piratas, organizaron una expedición, compuesta de cuatro bergantines de guerra que pusieron al mando de don Francisco Villalva y Toledo, quien se dirigió para las islas, en donde encontró a los piratas bien fortificados, y con quienes trabó serio y reñido combate hasta deshacerles las fortificaciones y asaltarlos en sus campamentos, continuando después la persecución de ellos, hasta arrojarlos de las islas; pero desgraciadamente fueron arruinados los establecimientos que habían hecho, tanto los españoles como los ingleses, y maltratados los indios, hasta el grado de abandonar completamente las islas, que quedaron despobladas y desiertas.

Los ingleses, señores absolutos por entonces de los mares americanos, volvieron en 1742 con más elementos, a la conquista de su codiciada presa, y se posesionaron de algunos puntos de la costa trujillana, fundando su cuartel general en boas del Río Negro, o sea en el lugar que hoy ocupa el caríbal de este nombre.

Con motivo de esta nueva invasión de los ingleses, todas las familias españolas de Trujillo huyeron para Sonaguera, habiendo muchas de ellas enterrando sus capitales antes de irse, según tradición existente.

El Gobierno español, al verse despojado de sus posesiones, en las que Colón y Cortés habían posado sus plantas, y en las que había flameado el pendón ibérico sobre las torres de la hoy vetusta fortaleza trujillana llamada Santa Bárbara, declaró la guerra a Inglaterra, habiendo principiado las hostilidades que duraron un año, hasta que al fin ambas Potencias celebraron en 1763, un tratado en que Inglaterra se comprometía a demoler las fortificaciones que habían hecho los ingleses, y a ordenar el retiro de éstos, tanto de las costas como de las islas; pero estas no fueron evacuadas a pesar de los tratados, lo cual dio motivo para que la Capitanía General de Guatemala, mandara una fuerte expedición a las islas, la que, después de algunos encuentros, lanzó a los ingleses de todos aquellos lugares, huyendo unos para Jamaica y otros para Belice.

Don Ignacio Gómez, dice, que después de estos acontecimientos, y en el año de 1780, fue tomada Roatán por los ingleses; y que se supo en Comayagua esta noticia, juntamente con la de que 300 negros habían construido 3 fortalezas en la isla, las que habían armado con cincuenta cañones, y que cinco buques armados hacían sus correrías para interceptar el comercio que se hacía entre el Reino de Guatemala y Cuba.

Es muy extraño que el señor Arzobispo de Guatemala, Dr. García Peláez, diga: "que al saberse en su reino la toma de las islas, en el año de 1790, el Presidente don Mariano Gálvez mandó expulsar a los invasores, para lo cual se reunieron milicias de El Salvador, Comayagua, Tegucigalpa, Olancho, habiendo mandado, además, León, 200 hombres bajo el mando del Coronel Navas, Sta. Ana, 200; Gracias, 200; al mando de don Miguel Machado; y que los españoles mandaron dos buques de guerra llamados Santa Matilde y Santa Cecilia, siendo el jefe de todas estas fuerzas el Presidente señor Gálvez y su segundo, el señor Estacherría: que al llegar a Roatán, fue bombardeado el campamento inglés, el cual se rindió a discreción, perdonándose la vida a los defensores, mandándose destruir 500 habitaciones".

Pero don Mariano Gálvez fue electo Jefe del Estado de Guatemala, por renuncia de don José Barrundia, el 24 de agosto de 1831, habiendo sido reelecto el 9 de febrero de 1835, y gobernó hasta el 13 de enero de 1838, fecha en que se las fuerzas de Mita, al mando de Carrera, tomaron la plaza de Guatemala, lo que obligó a Gálvez a entregar el mando al Vice Jefe don Pedro Valenzuela.

De manera que en 1780, año del suceso a que nos referimos, gobernaba en España el monarca Carlos III, padre del desventurado Carlos IV, a quien tuvo preso Napoleón en Bayona, y lo obligó a abdicar la Corona de España; habiendo muerto Carlos III en 1788, siendo Capitán General del Reino de Guatemala, de 1773 a 1783, el Mariscal don Martín de Mayorga, quien fue el que ordenó la expedición a que nos referimos, y no el señor Gálvez, como dice el ilustre Prelado de Guatemala[4].

Por mucho tiempo continuaron los ingleses, haciendo incursiones a las islas, a pesar de los tratados existentes, hasta que el año de 1814, el Rey don Fernando VII, abrió negociaciones con la

---

[4] Este dato fue refutado en la Capital, en el sentido de que no fue don Mariano Gálvez el que ordenó la expedición a Roatán en 1780, sino el Mariscal don Matías de Gálvez, a quien, en premio de sus buenos e importantes servicios, se le promovió al elevado cargo de Virrey de México. – Fernando P. Cevallos.

Regencia inglesa, quien reconoció nuevamente a España su derecho absoluto en las Islas de la Bahía.

CAPÍTULO IV: LAS ISLAS BAJO EL GOBIERNO DE CENTRO AMÉRICA. – INVASIONES – TRATADOS

Proclamada la independencia de Centro América, el glorioso 15 de septiembre de 1821, quedaron las islas bajo la jurisdicción del Estado de Honduras, quien no tenía elementos suficientes para atender y defender dichas islas; y los ingleses de Belice, al ver la debilidad del Gobierno, estimulados por unos cuantos súbditos del Rey Jorge IV, residentes en Roatán, oriundos del Gran Caymán, dispusieron lanzarse, otra vez más, a la conquista de su codiciada presa, y, al efecto, el Gobernador McDonald, armó la chalupa Rover, poniéndose él en persona, al mando de su expedición, la que desembarcó en Puerto Real, en donde ya no estaba La Invencible, y no existían más que unos cuantos viejos cañones, cuyas bocas estaban apagadas desde 1821.

Al desembarcar la expedición inglesa, el Gobernador McDonald mandó arrancar el pabellón de Centro América que flameaba en el puerto, y capturó al Comandante Louistalet, de origen francés, a quien expulsó, quedando así consumada la inicua tarea del Gobernador, de arrancar a Centro América una bella y rica porción de su suelo, para anexarla al Cetro de su nación.

En vista de este inesperado ataque a la soberanía de Centro América, don José Francisco Barrundia, varón recto e impecable, cual si hubiera sido forjado en los mismos moldes en que la Roma republicana forjara las almas de Casio y Bruto, lanzó una enérgica protesta, la cual encontró eco en el Parlamento inglés, quien, creyendo justas las razones que exponía en ellas el ilustre jefe, e incorrecto el proceder del Gobernador McDonald, ordenó que se desenvolvieran las islas al Gobierno de Centro América.

Esta ocupación arbitraria de las Islas de la Bahía, soliviantó el espíritu centroamericano y dio motivo para que El Salvador y los Altos de Guatemala, pactaran boicotear y no admitir mercaderías inglesas en sus mercados, hasta no ver recuperadas las islas por Centro América; y los Estados Unidos, viendo amenazada la independencia de aquella, ya que también habían sido tomadas La Mosquitia y San Juan de Nicaragua por los ingleses, llamó la atención de Inglaterra, a quien le hizo presente que estaban dispuestos a sostener la Doctrina Monroe por todos los medios que fueran necesarios; y de allí resultó el famoso tratado Clayton Bulwer, celebrado entre ambas potencias, el 11 de abril de 1850, por el que, tanto Inglaterra como Estados Unidos, se comprometían a no ocupar, fortificar, colonizar ni ejercer dominio sobre ninguna porción de Centro América, ni hacer o establecer protectorado alguno.

Quedó así afianzada, una vez más, la integridad centroamericana por mucho tiempo; pero desgraciadamente la codicia inglesa de aquella época cerró los ojos, y con manifiesta violación de los tratados, el Gobierno inglés de Belice se lanzó a la nueva conquista de las islas, el 11 de julio de 1852; pero el Congreso de los E.E. U.U., al saber la ocupación de las Islas de la Bahía por los ingleses, notificó a Inglaterra, oficialmente, que tal ocupación constituía una flagrante violación del tratado Clayton Bulwer de 11 de abril de 1850; y el Gobierno inglés, temiendo las consecuencias que tal ocupación le acarrearía con los americanos, comisionó al honorable señor Carlos Leunox Wyke, para que, en calidad de Plenipotenciario, pasara a Comayagua, capital de Honduras, en aquella época, a pactar y celebrar un tratado con el Gobierno hondureño; y al efecto, éste comisinó al honorable don Francisco Cruz, para tratar con el enviado británico, resultando de allí el famoso tratado Wyke – Cruz, el día 28 de noviembre de 1859, el cual fue ratificado por la Cámara de Senadores el 17 de febrero de 1860, mandado promulgar el 20 del mismo mes, y canjeado en Comayagua el 18 de abril siguiente. – Dicho tratado por ser desconocido de la generalidad de los hondureños, y de suma importancia para nosotros, lo transcribimos a continuación:

TRATADO WYKE – CRUZ
Entre el Gobierno de Honduras y su Majestad Británica:

Su Majestad, la Reina del Reino Unido de la Gran Bretaña e Irlanda y la República de Honduras, estando deseosas de arreglar de una manera amistosa ciertas cuestiones en que están mutuamente interesadas, han resuelto concluir un tratado con tal propósito, y han nombrado, como sus Plenipotenciarios, a saber: Su Majestad, la Reina del Reino Unido de la Gran Bretaña e Irlanda, a Carlos Leunox Wyke, Escudero, Oficial de la muy Honorable Orden del Baño, enviado extraordinario y Ministro Plenipotenciario de Su Majestad en una Misión Especial a las Repúblicas de Centro América, Su Excelencia el Presidente de la República de Honduras, a don Francisco Cruz, Jefe Político del departamento de Comayagua, quienes después de haberse comunicado sus respectivos plenos poderes, y hallándolos en buena y debida forma, han concluido y elaborado los artículos siguientes:

Art. 1°. – Tomando en consideración la posición peculiar geográfica de Honduras, y en orden a asegurar la neutralidad de sus islas adyacentes, con referencia a algún ferrocarril u otra línea de comunicación interoceánica que pueda construirse a través del territorio de Honduras en la tierra firme, Su Majestad Británica conviene en reconocer las islas de Roatán, Guanaja, Elena, Utila, Barbareta y Morat, conocidas como las Islas de la Bahía, y situadas en la Bahía de Honduras, como una parte de la República de Honduras. Los habitantes de dichas islas no serán molestados en la posesión de cualquiera propiedad que en ellas hayan adquirido, y conservarán entera libertad de creencia y culto religioso en lo público y privado; pero permanecerán en todo lo demás sujetos a las leyes de la República; si algunos de ellos quisieran retirarse de dichas islas, estarán en plena libertad de hacerlo así, de disponer de sus bienes raíces u otros cualesquiera, como lo crean conveniente, y de llevarse consigo los valores que realizasen. La República de Honduras se compromete a no ceder dichas islas o cualquiera de ellas o ninguna parte de dicha soberanía, a ninguna Nación o Estado cualquiera.

Art. 2°. – Su Majestad Británica se compromete, sujetándose, no obstante, a las condiciones y compromisos especificados en el presente tratado, y sin perjuicio de cuestión alguna de límites entre las Repúblicas de Honduras y Nicaragua, a reconocer como pertenecientes y bajo la soberanía de la República de Honduras, el territorio hasta aquí ocupado o poseído por los indios mosquitos, dentro de la frontera de la República, cualquiera que sea dicha frontera. El Protectorado Británico de aquella parte del territorio mosquito cesará a los tres meses de ser canjeadas las ratificaciones del presente Tratado, con el fin de que el Gobierno de Su Majestad pueda dar las instrucciones necesarias para dar cumplimento a las estipulaciones del presente Tratado.

Art. 3º. – Los indios moscos en el distrito reconocido por el Art. 20 de este Tratado como pertenecientes y bajo la soberanía de la República de Honduras, tendrán libertad de trasladarse con su propiedad fuera del territorio de la República, y dirigirse a donde le parezca; y todos aquellos indios moscos que permanezcan dentro de dicho distrito, no serán molestados en la posesión de cualquiera tierras en otros bienes que tengan y ocupen; y gozarán como naturales de la República de Honduras, de todos los derechos y privilegios que generalmente gozan los naturales de la República.

La República de Honduras, con el deseo de educar a los indios mosquitos y de mejorar su condición social, en el distrito ocupado por ellos, concederá una suma anual de cinco mil pesos en plata u oro, durante los próximos diez años, con aquel fin, que serán pagados al principal de los moscos en aquel distrito, siéndoles dicho pago garantizado por una hipoteca sobre todas las maderas y sobre todos los otros productos naturales – cualesquiera que sean – de las tierras baldías en las Islas de la Bahía y en el territorio mosquito. Estos pagos se harán en semi – anualidades de dos mil quinientos pesos cada una, el primero de cuyos pagos se hará seis meses después de canjeadas las ratificaciones del presente Tratado.

Artículo 4º. – En atención a que súbditos británicos, ya sea por concesión, arriendo o de otra manera, han obtenido hasta aquí de los indios moscos, intereses en varias tierras situadas dentro del distrito mencionado en el artículo precedente, la República de Honduras se compromete a respetar y mantener la posesión de tales intereses; y se conviene, además, que Su Majestad Británica y la República de Honduras nombrarán dos comisionados dentro de doce meses contados desde el canje de las ratificaciones del presente Tratado, uno por cada parte, en orden a investigar los títulos de súbditos británicos que puedan haber emanado de tales concesiones, arriendos, o de otras maneras; y todos los súbditos británicos cuyos títulos se declaren por los comisionados, bien fundados y válidos, quedarán tranquilos en la posesión de sus respectivos intereses en dichas tierras.

Art. 5º – Se conviene, además, entre las partes contratantes, que los comisionados expresados en el artículo precedente, también examinarán y decidirán sobre cualquier reclamo británico que se haga al Gobierno de Honduras que les sea presentado además de los especificados en aquel artículo, y que se encuentren pendientes; y la República de Honduras se conviene a cumplir las estipulaciones hasta ahora hechas sobre reclamos británicos que no se hayan llevado a efecto.

Artículo 6º. – Los comisionados expresados en los artículos precedentes, se reunirán en Guatemala lo más pronto que convenientemente se pueda, después de haber sido respectivamente nombrados; y antes de proceder a sus tareas, harán y formarán una solemne declaración de que imparcial y cuidadosamente examinarán a su mejor entender, y según la justicia y la equidad, sin temor o afecto a su propio país, todos los asuntos que sean referidos a su decisión; y tal declaración deberá ser registrada en el protocolo de sus procedimientos. Los comisionados deberán después y antes de proceder a ningún otro negocio, nombrar algún tercero que obre como árbitro o Juez en el caso o casos en que ellos puedan discordar en opinión.

Si acaso no quieren convenir en la elección de tal persona, los comisionados, cada uno por su parte nombrará una persona, y en cada vez que los comisionados puedan discordar en opinión tocante a la decisión que tengan que dar, se determinará por la suerte cuál de las dos personas así nombradas será el árbitro o Juez en aquel caso particular. La persona o personas así escogida, antes de que puedan funcionar, harán y firmarán una solemne declaración, en una forma semejante a la que ya se había hecho o firmado por los comisionados, cuya declaración se asentará también en el protocolo de sus procedimientos.

En caso de muerte, ausencia o incapacidad de tal, omitan, declinen, o cesen de funcionar como árbitro en lugar de aquel o aquellos, y harán y firmarán una declaración como queda dicho. Su Majestad Británica y la República de Honduras se comprometen a considerad la decisión de los comisionados de mancomún, o del árbitro o juez, según sea el caso como final y conclusión sobre las materias que se refieren a su decisión y además se compromete a darle inmediato cumplimiento.

Artículo 7º. – Los comisionados y árbitros o Jueces llevarán un protocolo exacto y apuntamientos correctos de todas sus operaciones juntamente con sus fechas, y nombrarán y emplearán un escribiente u otras personas que les asistan en la transacción de los negocios que les puedan presentar. Los sueldos de los comisionados serán pagados por sus respectivos Gobiernos. Los gastos contingentes de la comisión, incluyendo el sueldo del árbitro o Juez y del escribiente, serán pagados por partes iguales por entre ambos Gobiernos.

Art. 8º. – El presente tratado serpa ratificado; y las ratificaciones serán canjeadas en Comayagua, tan pronto como sea posible, dentro de seis meses, contados desde esta fecha. En testimonio de lo cual, los respectivos Plenipotenciarios han firmado el presente y puesto sus sellos respectivos, en Comayagua, a los veintiocho días del mes de noviembre en el año de Nuestro Señor, mil ochocientos cincuenta y nueve. – Francisco Cruz, – L. S. – O. Leunox Wyke, L. S.

CAPÍTULO V: LEYES U ORDENANZAS LOCALES INGLESAS. – CENSO DE LA COLONIA

Durante la dominación inglesa en las Islas allá por los años de 1852, se emitieron las famosas Ordenanzas o Leyes Locales, de las cuales se conserva un ejemplar impreso; y, por lo interesante que es su conocimiento, para las Cortes y Juzgados, para fallar y resolver asuntos que tuvieron lugar en aquella época, como las cuestiones de terrenos, etc., etc., copiamos a continuación las más importantes, y extractamos las otras. Pero antes de transcribir dichas leyes, diremos algo sobre los Tribunales de Justicia.

Existían en Roatán, como cabecera de la colonia, una Corte Suprema de las Islas de la Bahía; otra Corte de Magistrados; un Jurado de doce Miembros y Jueces de Paz.

La Corte Suprema se componía de un Magistrado Presidente y dos Jueces de Paz, en calidad de Magistrados; y la Corte de Magistrados se componía de un Magistrado o Juez de Letras, como decimos ahora.

El Jurado publicaba sus veredictos por medio de su Foreman o Vocero, quien lo leía en alta voz, en presencia del reo y del pueblo.

Leyes u Ordenanzas Locales
Acta I de 13 de agosto de 1812
Reglamenta los impuestos y contribuciones de los habitantes para el sostenimiento del Gobierno de las Islas de la Bahía.

Acta II de la misma fecha
Reglamenta la adquisición de propiedades raíces.

Esta acta consta de diecisiete artículos, siendo los más importantes los siguientes que hemos traducido del inglés, y que dicen:

Artículo 1. – Los que poseyeren terrenos en estas islas, actualmente, deberán adquirirlos, después de estar en ellos seis meses, para lo cual harán una solicitud ante el Magistrado Presidente, por escrito, haciendo constar en ella el nombre del peticionario, situación, extensión y linderos de dicho terreno, nombre de los colindantes, y si han sido o no medidos. Debiendo registrarse la solicitud en el libro que llevará el Magistrado, expresándose la fecha de registro.

Art. 2. – El presidente ordenará por carteles que se fijarán en la Casa de la Corte, que se hagan abras de seis pies de anchura, por donde deberá pasar la medida.

Art. 3. – En caso de disputa entre colindantes, el Magistrado Presidente, acompañado de dos personas honorables, irá al lugar del deslinde, y allí resolverá lo que sea más justo y equitativo sobre los linderos de dichos terrenos, oyendo antes el dictamen de peritos y testigos, siendo inapelable su resolución. En caso de discordia entre el Presidente y los Honorables, se recurrirá al Gobernador.

Art. 4. – No habiendo disputa ni oposición se practicará la medida inmediatamente.

Art. 5. – Concluida la medida, se le extenderá al interesado o interesados el título respectivo, en nombre de Su Majestad y bajo el sello público de la Corona.

Art. 6. – Todos los terrenos baldíos existentes en Islas de la Bahía serán propiedad de la Corona.

Art. 7. – Si dentro de seis meses de concedido el terreno no fuere cultivado, plantado, etc., se venderá en pública subasta al mejor postor, a razón de diez chelines por acre.

Art. 8. – El solicitante alinderará el terreno concedido a su costa.

Art. 9. – Si fueses subastado el terreno por no haber sido cultivado por el denunciante, y éste hubiere hecho algunos trabajos y las abras respectivas, el comprador tendrá que abonarle los gastos que hubiere hecho.

Art. 10. – Las subastas y remates se harán en la Casa de la Corte por el Magistrado Presidente de Coxim Hole, previo los carteles o avisos que deberán publicarse por veintiún días.

Art. 11. – El comprador del terreno pagará al tiempo de la venta al Magistrado, los gastos de la medida, lo mismo que la tercera parte del precio de dicha venta.

Art. 12. – El interesado, después de hacer sus pagos, recibirá el título de sus tierras, autorizado con el Sello Público de la Colonia; y este título se registrará en el libro denominado Registrador de Tierras.

Art. 13. – El que tuviere derecho a obtener un título, por haber antes adquirido un terreno que no estuviere en posesión de dicho título, y deseare traspasar el terreno a otra persona, solicitará permiso del Magistrado Presidente, quien se lo concederá y extenderá el título a favor de dicha tercera persona, haciéndose constar así en el Libro de Solicitudes de Terrenos Baldíos o en el Libreo de Terrenos Vendidos.

Art. 14. – En todo título que se extienda, el Gobernador se reservará el derecho para hacer un camino de treinta pies de ancho, por el terreno concedido; pudiendo ocupar las piedras, maderas y demás materiales que sean necesarios para el mismo camino, lo mismo que para los puentes que se construyeren en dicho camino.

Art. 15. – Los terrenos concedidos pagarán el impuesto de six pence o sea un real oro inglés, el primero de enero de cada año, por cada acre de terreno concedido.

Art. 16. – Los trabajadores y peones que el Magistrado o Gobernador emplearen en los trabajos de medidas o deslindes, serán pagados del dinero recaudado por venta de terrenos.

Art. 17. – Esta acta comenzará a regir desde el primer día en que tomare posesión el primer Magistrado Presidente.

Dada en la Asamblea, el 6 de agosto de 1852; y promulgada por el Gobernador el 13 del mismo mes y año.

Acta III
Para reglamentar la Administración de Justicia en las Islas de la Bahía.

EXTRACTO
Un jurado compuesto de doce miembros conocía de los delitos y publicaba su veredicto, como antes se ha dicho, por medio de su Foreman. No podía dictarse veredicto condenatorio en delitos que se castigaban con muerte, sino por unanimidad de votos.

El homicidio era castigado con pena de horca, y los simples delitos con presidio hasta por cinco años o castigo corporal que no excediera de cincuenta palos o multa hasta por cien libras esterlinas.

Tanto los Magistrados como los Jueces de Paz podían dar órdenes verbales de arresto.

Los testigos eran juramentados bajo la fórmula siguiente: "La declaración que Ud. dará entre nuestra Soberana la Reina y el reo que está en la barra, será la verdad, la entera verdad, por su Dios".

Los reos tenían derecho para nombrar sus defensores, escogiendo uno de los que asistían al Jurado.

Tomadas las declaraciones y terminado el juicio, el jurado deliberaba y daba su veredicto condenatorio y absolutorio, el cual era leído en alta voz por el Foreman; después de lo que, el Magistrado Presidente, en Corte Abierta y estando el reo presente, dictaba en los autos la respectiva sentencia, dando una copia de ella al Alcaide de Cárceles, para su ejecución y remitiendo otra al Gobernador de las Islas para su conocimiento.

Cuando la sentencia dictada era la de muerte o la de palos, no podía ejecutarse sin la aprobación del Gobernador.

Para el conocimiento de los asuntos civiles, se reunía en Roatán la Suprema Corte, durante los meses de febrero y agosto de cada año; comenzando las sesiones el tercer día de la primera semana de dichos meses.

La Corte convocaba a cinco Honorables para que estudiaran y dictaminaran sobre el asunto civil que se les encomendaba; y tramitado el expediente, se dictaba la sentencia, la cual era publicada por el Foreman.

El Magistrado Presidente era competente para conocer y fallar asuntos cuya cuantía no pasaba de seis libras esterlinas excepto asuntos relativos a terrenos.

No se les permitía a los representantes de las partes, alegatos escritos, ante dicha Corte Suprema; pero sí podían hacerlos verbalmente, para ilustrar el concepto del Tribunal.

La Corte daba sus fallos, concediendo o denegando; y los que se creían agraviados podían apelar para ante el Gobernador, dentro de ocho días de pronunciada la sentencia, debiendo interponerse la apelación ante el Magistrado Presidente, quien remitía las diligencias originales al Gobernador y éste revisaba dicha sentencia, asistido de dos Jueces de Paz, aprobándola o improbándola según fuera procedente.

Acta IV de 13 de agosto de 1852
Celebración de los matrimonios

Los matrimonios de los residentes de las islas, eran celebrados ante el Magistrado Presidente, pudiéndose también celebrar ante los Jueces de Paz y Clérigos de la Iglesia Anglicana, con licencia del Gobernador.

El funcionario o Ministro autorizante, celebraba el matrimonio, pronunciando los contrayentes la fórmula siguiente: "Llamo estas personas presentes, para que atestigüe que yo A. B., tomo a C. D., como mi legítima esposa o (esposo.)"

Después de lo cual podían los contrayentes celebrar matrimonio, según su religión.

Acta V de la misma fecha

Establece el modo y forma en que debe emitirse nuevas ordenanzas y reformarse las existentes.

Actas VI, VII y VIII

Reglamenta la navegación por los mares de las Islas de la Bahía, y Policía de los puertos.

Acta IX de 5 de enero de 1853

Reglamente las medidas y pesas que deben usarse en los mercados y tiendas de las islas; siendo la libra, la unidad de las pesas y la yarda la de las medidas.

Acta X de 10 de agosto de 1853

Esta es de policía urbana; y reglamenta el servicio de artesanos, labradores, jornaleros y criados domésticos, en las poblaciones de las islas.

Acta XI de la misma fecha

Sobre la policía rural; y reglamenta la protección de las fincas, sementeras, haciendas, etc., etc., lo mismo que la vagancia.

Acta XV de 11 de marzo de 1854

Reglamenta el uso y circulación de las monedas procedentes de países extranjeros; y declara de curso legal las monedas españolas y los pesos y doblones mejicanos.

Acta XVI de 1 de noviembre de 1854

Da reglas para el nombramiento del vicepresidente de la Asamblea Local y señala sus atribuciones, de acuerdo con las Cartas Patentes de Su Majestad, emitidas el 26 de marzo de 1852, en el Castillo de Westminster.

Acta XIX de 3 de febrero de 1855

Emitida para reglamentar el año fiscal, de acuerdo con el año calendario usado en Inglaterra, el cual principiaba oficialmente el 10 de enero y terminaba e 1 de diciembre.

Acta XX de la misma fecha

Para establecer el modo y forma de dar concesiones a inmigrantes de naciones aliadas o amigas.

Acta XXII del 22 de octubre de 1855

Que reglamenta los impuestos que deben pagar las embarcaciones mercantes, por la navegación en aguas de estas islas.

Acta XXIV de 14 de noviembre de 1857

Que reglamenta la construcción y reparación de puentes y caminos públicos.

Acta XXVII de la misma fecha

Da leyes para el buen estado sanitario de las Islas; y evita el contagio de enfermedades epidémicas: reglamentando así mismo, el aseo, ornato, construcción de calles y edificios en las poblaciones.

Acta XXX de 5 de febrero de 1858

Emitida para reglamentar el traspaso, arrendamiento o alquiler de terrenos de particulares.

Acta XXXIII de la misma fecha

Esta acta que fue la última que dieron las autoridades inglesas en las islas, establece el modo y forma de otorgar testamentos; y regla la sucesión testada e intestada.

Censo de la Colonia

En 1858, siendo Magistrado Presidente de las Islas el Honorable Alex N. Mair se levantó el censo, del cual existe impreso un ejemplar; y resultaron 1,548 habitantes en todas las Islas de la Bahía; de los que correspondían a Roatán, 1369; a Utila 101, a Guanaja 37, a Santa Elena 19, a Barbareta 12 y a Morat 3.

De los 1548 habitantes de las islas 1229 eran de color y 319 blancos, procedentes, tanto los primeros como los segundos, de Inglaterra, Alemania, Estados Unidos, Centro América, Jamaica, Belice, Guayanas, Indias Danesas, El Caimán, Arabia y Asia.

Actualmente tienen las Islas, según el último censo elevado el 18 de diciembre de 1910,... 4,893 habitantes, de los cuales, son varones 2,473 y mujeres 2,420.

CAPÍTULO VI: SOBERANÍA HONDUREÑA EN LAS ISLAS DE LA BAHÍA

– Leyes Locales Vigentes. – Constitución. – Manifiesto del Presidente General Guardiola. – Funcionarios Hondureños.

A consecuencia del Tratado Wyke – Cruz, el Gobierno de Honduras tomó posesión definitiva de las Islas de la Bahía, para lo cual, comisionó al Licenciado don R. Padilla Durán, para que fuera a Roatán a recibirla; y el 22 de abril de 1861 las recibió éste, en nombre del Gobierno hondureño, siendo Presidente de la República el General don Santos Guardiola y último gobernador inglés, Mr. Thomas Price.

El señor Padilla Durán las entregó al primer Gobernador hondureño que fue don Francisco Bernárdez, pronunció un elocuente discurso, el cual se encuentra en el legajo Número 6 de 1861 a 1871, que existen en los archivos de la Aduana del puerto, y que tenemos a la vista, no transcribiéndola en esta reseña, por ser bastante largo.

Las leyes u Ordenanzas Locales quedaron vigentes, bajo la aprobación del Gobierno de Honduras, según se ve por los documentos oficiales y discursos pronunciados por el referido Gobernador hondureño señor Bernárdez, los cuales existen en el libro de donde hemos tomado muchos e importantes datos, por ser el que servía a la Asamblea Legislativa de las Islas, compuesta de doce miembros, para asentar sus sentencias y correspondencia oficial importante.

Además, el señor Presidente Gral. Don Santos Guardiola, dio un manifiesto a los isleños, en que les aseguraba que sus Fueros y Estatutos serían mantenidos finalmente.

Dicho manifiesto que tenemos a la vista, dice así: "Santos Guardiola, Capitán General y Presidente de la República de Honduras a los habitantes de las Islas de la Bahía:

Las islas que habitáis han sido restituidas a Honduras su legítimo dueño, como ya sabéis, por medio de un tratado con la Gran Bretaña; y estando ahora la República por asumir sobre ellas en soberanía, me corresponde a mí como Supremo Magistrado de la Nación, el expresaros las seguridades, que es muy natural, aguardaréis de mí, sobre el mantenimiento de vuestros derechos, y sobre la promoción de vuestro bienestar.

Es mi firme resolución, impedir que este cambio en vuestra condición sea la causa de que os sobrevenga el menor mal; y más bien procuraré que vuestra incorporación a la nacionalidad hondureña, marque la inauguración de una era de más prosperidad aún para vosotros, que la que habéis disfrutado bajo el Gobierno liberal de Gran Bretaña."

Es verdad que vais a cesar de pertenecer a un imperio grande y poderoso; pero también es cierto que ahora tendréis la noble misión de contribuir con vuestra lealtad y con vuestra industria, al engrandecimiento de este país favorecido del cual vais a formar una parte integrante."

"Vosotros marcharéis a la vanguardia de su civilización, y el ejemplo que daréis a vuestros hermanos del continente, y las relaciones y comercio mayores y más extensas que se desarrollen entre vosotros y el resto de Honduras, pronto estrecharán más y más, los vínculos de la fraternidad y armonía que deben siempre uniros a los habitantes de una patria común."

"Vuestros Fueros y Estatutos serán mantenidos fielmente. Vuestra lealtad, así mismo estoy seguro, corresponderá a los deseos de mi Gobierno que no aspira a otra cosa que procurar vuestro progreso y bienestar. – Comayagua, abril 24 de 1861. – Santos Guardiola,"

Siendo presidente de la Asamblea de las islas, el señor John Poppleton, y Gobernador Político el señor Bernárdez, el primero formuló una Constitución para el Gobierno de las Islas, en el mes de julio 1861, la cual consta de cuatro capítulos.

Dicha Constitución fue remitida en consulta y aprobación al señor Presidente de la República, General don Santos Guardiola, juntamente con un gran memorial suscrito por el señor Poppleton, en el que le hacía presente la gran necesidad y conveniencia de dicha Constitución para las islas. Al recibirlo el Presidente de la República, contestó a la Asamblea isleña, por medio de su Gobernador, quien pronunció un notable discurso ante aquella, el 21 de enero de 1893, manifestando que si Gobierno deseaba que la Asamblea mandara, en calidad de comisionado especial a Comayagua, un caballero con plenas instrucciones, para tratar el asunto, con él y con el Congreso Nacional, que a la sazón estaba reunido en la capital de entonces.

Así quedó este negocio pendiente por algún tiempo; pero desgraciadamente, el día 30 de abril de 1862, comunicó oficialmente el señor Gobernador Bernárdez, a la Asamblea isleña, por medio de despacho número 10, que aparece copiado en el libro existente en los archivos de la Aduana, que el señor Presidente Guardiola había sido asesinado en su propio Palacio, por algunos jefes de su Guardia de Honor, en la madrugada del 11 de enero de ese mismo año, habiéndole sucedido en el Mando Supremo, el Senador don Francisco Montes, encontrándose todo en perfecto estado, y el país en completa tranquilidad; y que tan pronto como pasara un poco la impresión que había dejado en los ánimos aquel cobarde asesinato, se estudiaría el asunto; y que probablemente sería aprobada y sancionada por el Congreso Nacional, la Constitución de Islas de la Bahía.

Pasado algún tiempo sin saberse nada sobre el asunto, la Asamblea isleña dirigió un extenso oficio al Presidente de la República, que era entonces don Victoriano Castellanos, haciéndole presente los mismos razonamientos que se le hicieron al Presidente General Guardiola, y el señor Castellanos, comisionó a su Gobernador Bernárdez, para que contestara a la Asamblea, que el Gobierno encontrando de grave trascendencia dicha Constitución, la había sometido a la consideración del Senado y Congreso hondureño; y el señor Bernárdez cumplió su cometido, y se presentó a la Asamblea el 28 de enero, en la que pronunció un conceptuoso discurso, haciéndole presente a dicha Asamblea, los propósitos de su Gobierno, con respecto a la Constitución.

La Asamblea Legislativa de las islas, en la que predominaba el espíritu inglés, pretendía embozadamente tener independencia absoluta en las islas, para echarse más tarde en brazos de su nunca olvidada monarquía; lo que motivaba a casa paso con el Gobernador hondureño, conflictos y dificultades, los cuales se iban aumentando de día en día y que al fin tendrían que acabar o anular la autoridad de éste.

Llegó a tal grado la tirantez de la Asamblea isleña con el Gobernador Bermúdez, que el día 18 de febrero de 1863, mandó aquella hacer comparecer a la barra de la Asamblea al Gobernador Bernárdez, a quien estaba enjuiciando por unos fondos pertenecientes al Tesoro de las islas; y para juzgar del temperamento hostil de la Asamblea, véase la siguiente orden de comparendo, dada por ella al Mensajero Oficial, la cual orden traducida del inglés, dice así: "Que esta Casa autoriza al Presidente, para que libre una citación, con el Mensajero Oficial, para que traiga cuanto antes Su Excelencia don Francisco Bernárdez a la barra de esta Casa, en donde deberá contestar las demandas de que habla el mensaje número 5, fecha de ayer, salvo que su Excelencia aduzca alguna causa razonable para no poder comparecer."

"Por estas presentes mandamos a Ud., en nombre de la Asamblea Legislativa, que traiga a Su Excelencia don Francisco Bernárdez en caso que rehúse cumplir las resoluciones aludidas. También mandamos y requerimos que su Excelencia cumplirá las órdenes ya dichas.

Dado bajo mi mano, a los 18 días del mes de febrero de 1863. – John Poppleton, Presidente de la Asamblea."

Pero el Gobernador hondureño no se dejó intimidar con semejante orden de comparendo; y viendo que la Asamblea se había quitado la careta y que atacaba la soberanía nacional en la persona del representante del Gobierno hondureño, se dirigió a la Asamblea, y en la sesión del 28 del mismo mes y año, pronunció un energético discurso en que le hacía graves cargos a la Asamblea, por haberse declarado en pugna con el Gobierno de la Nación y menospreciado la soberanía de la República de Honduras, garantizada por los tratados Clayton – Bulwer y Wyke – Cruz; y que, en consecuencia de los actos desleales de la Asamblea para con la Patria hondureña, declaraba cerrada desde ese día, dicha Asamblea y clausuradas sus sesiones; lo que se cumplió sin haberse empleado la fuerza pública.

Así permaneció cerrada la Asamblea, desde el 28 de febrero hasta el 12 de septiembre en que se volvió a abrir por orden del Comandante del vapor inglés Desperate, Arthur J. Fhupp, quien sin ningún respeto ni miramiento, violó los tratados existentes entre Honduras e Inglaterra, que prohíben la injerencia de las autoridades inglesas en el Gobierno de Islas de la Bahía.

La Asamblea siguió funcionando por varios años, y el 22 de mayo de 1865 se eligieron nuevos miembros o Magistrados, saliendo electo Presidente de ella el señor William Coe, y Vicepresidente Mr. Delworth J. Bodden.

Posteriormente fueron electos los señores Doctor don Augusto Soltman, don John Gahne, Doctor Frederick Gahne, Benjamín Scott, James E. Nelson, MOses E. Brook, quien existe todavía Rober W. McLean y Domingo Galeano, hasta el año de 1880.

Con motivo de la nueva emisión de los Códigos llamados de Soto, el Gobierno trató de implantar en las islas, la legislación hondureña; y en tal virtud, nombró como primer Juez de la Lustancia, en reemplazo de los Magistrados Presidentes, al señor don Carlos F. Alvarado, quien tomó posesión de su puesto el 7 de abril de 1881 y funcionó como tal hasta el siguiente año, en que fue reemplazado por el Licenciado Hipólito Moncada, habiendo estado antes en el ejercicio de la Judicatura por ministerio de ley, el señor Federico Ramírez.

Posteriormente han desempeñado la Magistratura, hoy Judicatura de Letras, los señores don Lucas Calderón, don John D. McLean, don Tiburcio Hernández, don Samuel Grant, don John A. Nelson, don Geo F. Haylock, don Benjamín S. Escobar, don A. de Bran, y los abogados don Juan Bustillo Rivera, don Félix Cerna, don Federico F. Boquín, don Matías Z. Castillo, don Fernando Arroyo Carías, don E. Lanza Ramos, don Fernando P. Cevallos y don Juan E. Zelaya.

CAPÍTULO VII: PERÍODO DE TURBULENCIAS EN LAS ISLAS

Cuando el ex presidente General don José María Medina fue derrotado en Comayagua, logró escapar de la persecución que se le hizo dirigiéndose para Roatán, con unos cuantos negros, a donde desembarcaron los elementos bélicos que privadamente le había suministrado el Comandante de Trujillo.

Al llegar a Roatán el General Medina, soliviantó los ánimos de los criollos, a quienes indispuso con falsas noticias desfavorables para el Gobierno del Licenciado Arias; llegando a tal grado la efervescencia del pueblo que el mismo Gobernador Sr. Arias; pues dio elementos y gentes de color, al General Medina, para que éste fuera a Omoa a tentar un movimiento reaccionario.

Sabedor el Licdo. Arias de esta traición de su Gobernador, mandó reponerlo con el Doctor Augusto Saltman; pero el primero, apoyado por los criollos que eran hostiles al Gobierno de Arias, por sugestiones del General Medina y demás emigrados residentes en Belice, no quiso entregar la Gobernación de las Islas; y antes bien se alistó, y armó a los criollos; y, por tal motivo, el nuevo Gobernador Dr. Saltman, pidió apoyo a las autoridades de Trujillo, que eran puestas por el Gobierno Provisional del Sr. Arias, habiendo mandado aquellas, suficientes fuerzas bien equipadas, al mando de los Coroneles José María Zúniga y Longino Torres, quienes al llegar a Roatán, se posesionaron del cuartel, sin resistencia alguna; pero el ex – Gobernador Gahne intentó atacar las fuerzas del Gobierno, lo que no pudo llevar a cabo, por la oportuna intervención de varios vecinos importantes, quienes lo convencieron de la inutilidad de la resistencia, por cuya razón dispuso del ex gobernador, someterse; pero no fue más que un ardid, para ganar tiempo, y arreglar sus archivos y sus cuentas, los que se llevó al embarcarse para Belice.

Al siguiente día de la fuga del ex gobernador Señor Gahne o sea el 16 de octubre de 1872 las fuerzas del Gobierno dieron solemne posesión de su elevado puesto, al Doctor Saltman.

Después de estos sucesos la autoridad militar dio principio a la recolección de las armas nacionales.

Así mismo hubo necesidad de despojar a los criollos de sus propias armas que tenían en sus casas y fincas, pues habían quedado furiosos, por la destitución de Gahne, y se temía un levantamiento de ellos, máxime que los emigrados residentes de Belice los instigaban a la revuelta en contra del Gobierno; y por estas razones, los Coroneles Zúniga y Torres, dieron órdenes duras y violentas en contra de los criollos, las cuales medidas se llevaron a cabo, con arbitrariedad y demasiado rigor, lo cual disgustó al nuevo Gobernador Sr. Saltman, y provocó la ruptura de éste con los jefes militares, quienes continuaron cometiendo arbitrariedades y menospreciando la autoridad del Gobernador, quien trató de buscar apoyo en el pueblo, para oponerse a los desmanes de los militares déspotas.

Los criollos deseosos de vengarse de aquellos, por la destitución de Gahne, trataron de unirse al Dr. Saltman; y, apoyados por éste, e instigados por el primero, desde Belice, en donde residía, hicieron resistencia armada, y aún provocaron a riña a las fuerzas de Zúniga y Torres.

Los criollos, partidarios del Gobernador Dr. Saltman, comandados por los cabecillas John W. Brown y Thomas Connor, armados de fusiles, pistolas y machetes procedieron a la toma del cuartel pero los astutos defensores, comandados por Zúniga y Torres, viéndose acometidos por todas partes, y encontrándose falsos de comestibles y agua, propusieron a los amotinados, capitular, para lo cual bajarían ellos y sus soldados del cuartel, el que se encuentra en una colonita; lo que aceptaron en el acto los cándidos sublevados, quienes no entendían nada de estrategia ni pericia militar.

Zúniga, Torres y los suyos, bajaron con sus tropas a la calle principal de la ciudad, en donde estaban criollos desprevenidos y en grandes grupos; aprovechándose aquellos jefes de la desorganización y descuido de los criollos, los atacaron furiosas y repentinamente, a boca de fusiles, e incendiaron varias casas, lo cual produjo el pánico entre los amotinados, quienes huyeron despavoridos y se arrojaron al mar, en donde fueron fusilados por los soldados de Zúniga y Torres, sin ninguna piedad.

Los sobrevivientes a esta degollina, huyeron para Belice y Caimán, embarcándose en cayucos y piraguas, y desde entonces se mantiene vivo entre los criollos, el recuerdo de aquella sangrienta hecatombe.

Tan pronto como se supo en Trujillo que las islas estaban en acefalía, por la fuga del Gobernador, a consecuencia de los escándalos ocurridos, el Comandante de aquel puerto se trasladó a Roatán, llevando fuerzas considerables, para castigar a los culpables del escándalo, yendo además acompañado del Sr. Juez de 1ª Instancia, Presbítero Ramírez y otras personas importantes de Trujillo; y estos funcionarios y personas, notables, con su prudencia y tino, calmaron a los criollos, y restablecieron el orden; después de lo cual, fue nombrado Gobernador de las Islas de la Bahía el Sr. John Poppleton.

El Comandante de Trujillo, el Juez y demás acompañantes, lo mismo que una parte de las tropas, regresaron a Trujillo, después de haber cumplido a satisfacción, con sus deberes y de haber calmado a los furiosos isleños.

Poco después, el nuevo Gobernador, dirigió al Comandante de Trujillo, el siguiente oficial: – "Gobernación Provisional de las Islas de la Bahía. – Noviembre 2 de 1872. – Señor Comandante del Puerto de Trujillo. – Señor: su atento oficio queda en mí poder, con fecha 28 del que expiró, referente a que mande seguir una información, para esclarecer de una manera evidente, la causa de la desobediencia entre el ex Gobernador Saltman y el Teniente Coronel don José Marúa Zúniga, la culpabilidad de las personas que motivaron el choque de armas, y el que provocó primero; así como los incendios y demás desórdenes cometidos en esta Isla.

En observancia de su orden, señor Comandante, de la justicia, la razón y el derecho hoy mismo doy principio a practicar las diligencias a que alude, las mismas que remitiré tan pronto como haya evacuado todo lo que pueda esclarecer. – Soy del Sr. Comandante, con el mayor respeto y aprecio, su muy att. Y S. S. – John Poppleton."

Del resultado de esta investigación, nada se supo después; pero es seguro que la culpabilidad debe haber sido por parte de Zúniga y Torres.

Así terminó esta querella de triste recordación para los criollos de Roatán, quienes le han dado el nombre de Guerra de los Gobernadores.

Durante los últimos años del Gobierno del General don Luis Bográn, fue nombrado Gobernador Político del departamento, el Dr. don Manuel Sebastián López, quien tomó posesión de su puesto al llegar a Roatán.

Estando el señor López gobernando las islas, en nombre del Gobierno hondureño, apareció el yatch Inglés Rosalind, al mando del jefe de alta graduación, retirado de la marina británica, Mr. Dugmore.

A su llegada, este jefe inglés, quien iba con aires de conquistador, sin acordarse de los tratados existentes entre su patria y esta República, lo mismo que entre Inglaterra y Estados Unidos, propuso una visita oficial al Gobernador Dr. López, la que fue aceptada en el acto; y, al efecto, fue el jefe Dugmore, habiendo tenido lugar la entrevista en los salones de la Gobernación y comandancia del puerto.

En dicha entrevista el inglés no se limitó más que a hacer presente al Gobernador, sus muestras de simpatía personal, dejando escapar una que otra frase sospechosa, que revelaba su mal propósito contra la soberanía de las islas.

Al siguiente día, el Gobernador fue a corresponder la visita a Dugmore, quien lo recibió cortésmente en el salón principal de su yatch Rosalind; y después de haberse cruzado entre ambos, algunas frases corteses, relativas al bienestar personal de ellos, el audaz Dugmore propuso al Gobernador López, que era conveniente disgregar las islas del resto de Honduras, para darles una Constitución y leyes especiales (sin duda, la Constitución de Poppleton, de que antes se ha hablado) lo mismo que una bandera, algo así como hondureña, o mitad inglesa y mitad hondureña; haciéndole al Gobernador otra oferta, y halagándole con el mando supremo de las islas, bajo el apoyo inglés.

Pero el honrado Gobernador, rechazó indignado tan criminal proposición, y se retiró en el acto del barco, para no volver la cara por más tiempo, al audaz aventurero que pretendía desgarrar la Patria Hondureña.

Dugmore, al verse desairado personalmente por el Gobernador López, dispuso mandarle una larga comunicación, en la que le hacía las mismas proposiciones pero con frases más severas y amenazantes; habiéndole mandado por contestación el Gobernador, orden de retirarse en el acto de la bahía y de no volver a poner los pies en la isla; pero el jefe aventurero, en vez de obedecer las órdenes de la autoridad hondureña trató de entenderse directamente con los criollos, para lo cual desembarcaba de noche y se reunía con éstos en el punto llamado Pensacola, lugar cercano a la ciudad; y allí los instruía sobre sus ambiciosos proyectos, y de la manera cómo deberían apoderarse de la plaza, dándoles armas de fuego y pañales.

Pero el Gobernador, instruido de los actos desleales de los criollos, para con su patria adoptiva, dispuso sorprenderlos en el mismo lugar de Pensacola, en momentos que estuvieran celebrando su conciliábulo; y, efectivamente, asó lo hizo, e inmediatamente fueron asaltados por fuerzas del Gobernador, el cabecilla Dugmore y varios de los principales criollos, quienes fueron reducidos a efectiva prisión, habiéndole proferidos el Gobernador López a Dugmore, en momento de la captura, las frases de pirata, aventurero, contrabandista, frases estas que debieran causarle la muerte más tarde a López, como se verá.

El hijo de Dugmore, al saber la prisión de su padre, se embarcó en El Rosalind, y se dirigió a Trujillo en busca de la protección del Cónsul inglés que lo era entonces, don Guillermo Melhado; y este señor, en vez de desaprobar los actos ilegales e impolíticos del inglés Dugmore, de acuerdo con los tratados Clayton – Bulwer y Wyke – Cruz, atendió las quejas del hijo del aventurero y se fue con él, a bordo del Rosalind, a la ciudad de Roatán.

Al llegar a Roatán el Cónsul Sr. Melhado, amenazó al Gobernador Sr. López, con graves reclamaciones que se le harían al país, por haber injuriado en momentos de la captura, al súbdito inglés Dugmore, lo mismo por la prisión de éste; y acobardado el Gobernador, quizás más por las amenazas hechas al país que por las hechas a él personalmente a sacar al aventurero de la cárcel; de publicar su retractación de aquellas frases ofensivas dirigidas a Dugmore, en presencia de numeroso público; y lo que es peor, ¡¡Enarbolar la bandera inglesa en el edificio de la Comandancia y saludarla con veintiún cañonazos...!!

Satisfechos, tanto el Sr. Cónsul inglés como el filibustero Dugmore de estos actos humillantes para la principal autoridad hondureña de las islas, y aún para el país, se embarcaron en el Rosalind, y se hicieron a la mar, llevándose Dugmore su bandera mixta la que, a bordo, sirvió a los cocineros del yatch, para limpiar los trastos de cocina.

Después de estos desgraciados sucesos, y tan pronto como se vio el Sr. López, solo en su casa, y que meditó sobre los actos humillantes a que había sido obligado par fuerzas morales superiores a las suyas, cayó en una terrible postración y abatimiento, desarrollándosele, a los pocos días, una fiebre cerebral que lo condujo al sepulcro, a pesar de los desesperados esfuerzos de los médicos y de su grande amigo el Sr. Cónsul americano, don Guillermo C. Burchad, en cuya casa murió.

Sus restos descansan en el lindo Callito de Palmas, que queda al frente de Roatán, propiedad que fue de su amigo el señor Buchard y hoy de una hija de éste.

CAPÍTULO VIII: WILLIAM WALKER

El día 7 de julio de 1860, siendo Presidente de la República el General Santos Guardiola, el Sr. Cónsul Británico residente en Comayagua Mr. Ed Hall, recibió una comunicación del Superintendente de Belice Mr. Price, fechada al 29 de julio, en que le participaba que Walker, con una fuerza de 52 hombres, había desembarcado en Roatán.

Efectivamente, Walker hizo su entrada en Roatán, llamado por los mismos criollos roataneños, quienes, penetrados de los conceptos de los tratados entre Honduras e Inglaterra, por los cuales las islas pasarían a la soberanía hondureña dispusieron ellos también, hacerse filibusteros con Walker, y evitar así el traspaso que se iba a efectuar, en esos días, de las islas, al Gobierno hondureño, quien había comisionado a su Ministro de Hacienda y Guerra, Lcdo. Don Manuel Colindres, para que fuera a recibirlas.

Este funcionario no pudo cumplir su elevado encargo, porque el filibustero había hecho su irrupción en Roatán, y desembarcado sus elementos y la gente que había traído en su goleta J. A. Taylor.

Tan pronto como tomó posesión Walker, de Roatán, los negros jamaiqueños residentes en la isla, quienes han sido enemigos de Honduras, desde tiempos remotos se presentaron al filibustero, y le proporcionaron toda clase de vituallas, y embarcaciones, para que estableciera comunicación constante con la costa hondureña y nicaragüense, por el lado del Cabo de Gracias a Dios sirviendo ellos de correos.

Por varias cartas tomadas a los filibusteros y que a continuación insertamos se verá cómo fueron recibidos éstos por los criollos roataneños; y se convencerán mejor de los propósitos de los mercenarios filibusteros yankees.

Dichas cartas dicen así: "De John Yabel a bordo del goleta Dewdrop. – Julio 31 de 1860. – El Taylor y nuestra embarcación están caminando a la par; la gente está dividida en dos compañías, una en cada goleta. –Hoy se quita la bandera inglesa de Roatán; y las tropas británicas, negros de Jamaica se van; mañana, nosotros los vamos a echar a fuera. – Roatán será nuestro cuartel general durante el verano; y para noviembre estará listo el vapor de Vanderbilt nos está construyendo, y entonces comenzaremos las operaciones contra Nicaragua, bajo mejores auspicios que en ninguna ocasión".

Otra Carta: "De Roberto A. Fulton. – Roatán, julio 31 de 1860. – Llegamos a Roatán en nueve días. Saltamos a tierra y nos quedamos allí un día solamente. Los habitantes nos dieron una acogida la más favorable; pero como los ingleses no habían entregado la Isla a Honduras, nos volvimos a bordo y nos hicimos a la vela para la Isla de Cozumel, donde nos unimos con el General Walker; y hemos estado navegando por las islas adyacentes desde entonces; pero ahora estamos frente a Roatán, con dos buques y como con 100 hombres; pues la isla fue entregada ayer a los hondureños y estamos haciendo preparativos para desembarcar esta noche, y demostrarles de que metal se componen los americanos."

Otra carta: "De William Davis. – Julio 30 de 1860. – El General Walker se va a tomar Roatán mañana o el día siguiente; y entonces, si nos va bien, nos vamos para Nicaragua, para formar allí una República. En caso de buen éxito, ganaremos mucho dinero. Si acaso me escribe, dirija su carta a W. Hunter, pues he cambiado mi nombre."

Allí en Roatán desembarcaron los negros filibusteros varios cajones de armas, y 17 hombres que habían traído en la goleta "Dewdrop", organizado convenientemente con el General Walker, como le llamaban los roataneños, con los elementos que estos le habían proporcionado, salió de Roatán, el día 21 de julio en la goleta J. A. Taylor, llevándose remolque: don botes grandes balleneros, con dirección a las islas Cochinos, cercanas a la costa hondureña.

Poco antes de su salida, le fueron decomisados 25,000 tiros de rifles que le venían por vía Belice, en donde tocó la goleta que traía estos elementos, que fueron decomisados, como se ha dicho, por las autoridades coloniales de Belice.

Indudablemente, la expedición de Walker, era poderosa y apoyada por grandes compañías americanas, siendo una de ellas según se cree con mucho fundamento, la de "The Herald" de New York, pues es bien sabido que al ser capturado Walker, cayó con él un Corresponsal de dicho periódico americano, y en prueba de estos aciertos, fueron decomisados en la bahía de New York, el 22 de junio, por el Marshall de EE.UU., doce cañones y seis mil rifles con sus equipos y pertrechos que le mandaban a Walker, dichas compañías.

La expedición marítima de Walker después de rodear las islas Cochinos (Hog Island) se dirigió para Trujillo, a donde desembarcó en la madrugada del 6 de agosto, tomándose la fortaleza Santa Bárbara, sin ninguna resistencia de parte del Comandante del Puerto, que lo era don Norberto Martínez, quien no pudo hacer frente a los filibusteros, pues solo tenía unos pocos soldados, y huyó con toda la población, para el interior, quedando solamente el Cónsul inglés don Guillermo Melhado.

El mismo día de su desembarque, Walker lanzó al pueblo hondureño la siguiente proclama: "Hace más de cinco años que yo, juntamente con otros fuimos invitados a la República de Nicaragua, con la promesa de ciertos derechos y privilegios, con la condición de que debíamos presentar ciertos servicios en el Estado. Nosotros desempeñamos los servicios que nos pidieron; pero las autoridades existentes de Honduras se unieron en una combinación para arrojarnos de Centro América.

"En el curso de los acontecimientos, el pueblo de las Islas de la Bahía se encuentra ahora en casi la misma posición en que se hallaban los americanos en Nicaragua en noviembre de 1855. La misma política que condujo a Guardiola a hacernos la guerra, lo induce a arrojar fuera de Honduras al pueblo de las islas.

El conocimiento que tienen de esta verdad ha inducido a varios residentes de las islas, a hacer un llamamiento a los ciudadanos adoptivos de Nicaragua, (los filibusteros) para que presten su ayuda en el mantenimiento de sus derechos de personas y bienes.

Pero no bien había algunos de los ciudadanos adoptivos de Nicaragua respondido al llamamiento de los residentes en las Islas para concurrir a Roatán, cuando las actuales autoridades de Honduras, alarmadas por su seguridad, pusieron obstáculos que estorbaron el cumplimiento del tratado de 28 de noviembre de 1859.

Guardiola demora el recibo de las Islas, por razón de la presencia de algunos hombres que ha perjudicado, y así por motivo de partidos, no solo arriesga los intereses territoriales de Honduras, más entorpece por el momento un objeto cardinal de la política centroamericana.

"El pueblo de las Islas de la Bahía, puede únicamente ser incorporado a vuestra República por medio de sabias concesiones; las autoridades existentes de Honduras han dado prueba por sus actos pasados de que no harán las concesiones necesarias. La misma política que Guardiola observó con los nicaragüenses naturalizados, le impedirá adoptar el único curso, por el cual Honduras puede retener las Islas.

"Viene a ser, por tanto, un objeto con los nicaragüenses naturalizados y con el pueblo de las Islas de la Bahía, el colocar en el Gobierno de Honduras, a personas que concedan los derechos adquiridos en los Estados.

De esta manera los nicaragüenses asegurarán su regreso a su patria adoptiva; y las Islas de la Bahía, obtendrán plenas garantías de la soberanía bajo la cual deben ser colocadas, por el tratado de 28 de noviembre de 1859.

"Sin embargo, para obtener el objeto que llevamos en mira no hacemos la guerra al pueblo de Honduras, sino solamente contra un gobierno que sirve de estorbo a los intereses no solo de Honduras, sino también de Centro América."

"El pueblo de Honduras puede, por tanto, descansar en que tendrá toda la protección que necesite, tanto para sus derechos de persona, copara los de sus bienes. – Trujillo, agosto 6 de 1860 – Guillermo Walker."

A esta insensata proclama, digna tan solo de un filibustero sin dios, patria, ni ley, respondió el Presidente Guardiola, dando otra a los hondureños, en la que les recordaba los pillajes cometidos por Walker en Nicaragua, en donde redujo, casi a cenizas, la mitad de las ciudades de Masaya, Granada, Managua, San Jorge y Rivas; y fusiló sin ninguna piedad a los Generales Corral y Salazar, Coronel Balderramos, Capitán Allende, y al joven Mayorga; aprisionó al

Padre Tijerino y a la honorable matrona de Granada, doña María Casas.

Asimismo el General Guardiola dio el siguiente decreto:

"Considerando, – Artículo único. – El Presidente del Estado, mandará en persona el Ejército que debe alzar contra los filibusteros que han invadido la República. En consecuencia, se encargará del Ejecutivo la persona designada por la ley. – Dado en Comayagua, en la Casa del Gobierno, a 18 de agosto de 1860. – Santos Guardiola." – El Ministri de Relaciones. – Crescencio Gómez. – William Walker, posesionado de Trujillo dispuso, parapetar su fuerza en los principales edificios, pues sabía que sería atacado dentro de poco, por fuerzas comandadas por el General Álvarez; y, además, por fuerzas que el Gobierno de Guatemala mandó por el lado de Izabal, al mando del General Godoy, quien vino hasta Omoa; siendo a la vez, perseguido por el Gobernador de Belice; quien mandó a Roatán un bergantín armado con cuatro cañones y, cincuenta hombres; y, además, la corbeta de guerra Icarus de ciento cincuenta caballos de vapor, armada con cincuenta cañones y ciento cincuenta hombres, bajo el mando del Comandante Nowell Salmón.

El Gobernador de Cuba, mandó también hombres en persecución de Walker, en el vapor de guerra Francisco de Asís que llegó a Trujillo el 7 de septiembre.

Una de las disposiciones de Walker, en Trujillo, fue izar el pabellón hondureño, titularse Presidente de Nicaragua y posesionarse de $ 2,205.00 en dinero y $ 1,390 en papeles pertenecientes a la Aduana; pero como esas rentas estaban hipotecadas al Gobierno inglés, el Cónsul señor Melhado requirió al comandante del Icarus, que había llegado a la bahía, quien dirigió una carta a Walker, con fecha de 21 de agosto, en la cual le decía: "que con motivo de la ocupación desautorizada del puerto, las rentas de la Aduana eran desviadas de su legítimo curso: que de ésta habían desaparecido $ 2,025.00 en efectivo y $ 1,390 en papel, pertenecientes, en virtud de hipoteca legal, al Gobierno inglés: que los comerciantes de Belice sufrirían considerablemente en sus intereses, por la cesación del tráfico; y, finalmente, que su presencia en las costas había estorbado el cumplimiento de un tratado entre la Gran Bretaña y Honduras; y que por tanto, había resuelto restablecer las autoridades legítimas; y que su seguridad personal y la de su gente sería garantizada por la bandera inglesa, siempre que cumpliera las condiciones siguientes: que depusiera las armas inmediatamente, y se embarcase con su gente, los oficiales portando las espadas; que las armas y municiones de guerra quedasen decomisadas a favor del Gobierno de Honduras, como una seguridad contra un nuevo ataque; y la restitución del dinero, papel moneda y documentos oficiales que faltaban en la Aduana.

A esta carta contestó Walker diciendo "que ignoraba la existencia de la hipoteca: que no sabe ni ha oído decir nada sobre el dinero y papel perdido en la Aduana: que no considera honroso deponer las armas a un oficial de la Corona Británica; y pide se le diga en que buque y a costa de quién se debe hacer el reembarque."

En la bahía estaban dos goletas que habían sido detenidas por el Comandante Salmón, cuyos Capitanes le participaron en la noche del 21 que Walker les había propuesto que lo sacaran a Roatán, para que de allí lo llevaran a Nueva Orleans.

El Comandante que, precisamente, los había detenido para dar a Walker una oportunidad de irse por bien se alegró de ver que sin necesidad de exponer a la población a un combate se desembarazaba de los filibusteros.

Pero en la mañana siguiente, no observando el Comandante Salmón ningún movimiento en la fortaleza ocupada por Walker, mandó a un oficial a inspeccionarla; y entonces supo que éste había huido, entre diez y doce de la noche, llevándose las armas y ropas necesarias; dejando tres heridos, dos enfermos, un Cirujano, un asistente de hospital y al corresponsal del Heraldo de New York, quien los acompañaba; habiendo dejado, además, todos los pertrechos de guerra, rifles sobrantes y víveres.

El Comandante Salmón, inmediatamente mandó aviso al Comandante del puerto señor Martínez, para que fuera a ocupar con su gente la población; y este, por supuesto voló a recuperar la plaza; y desde allí dirigió la siguiente nota:

"Comandancia Principal del Puerto. – Fuerte de Trujillo, agosto 22 de 1860. – Sr. General don Mariano Álvarez. – A las 11 de este día he tomado posesión de esta plaza, favorecido por una fuga despavorida que han hecho los filibusteros, y merced a las circunstancias que después puntualizaré. Se dirigen por la laguna de Guaimoreto; y al efecto los he mandado perseguir con ochenta hombres que tenía reunidos. – Soy de U.S. – Norberto Martínez."

Los propósitos de Walker, al ver que no podían embarcarse, fueron de irse por tierra, con sus ochenta y cuatro hombres que lo acompañaban, hasta León de Nicaragua, llevando la dirección de Limón, en donde creyó encontrar botes roataneños que pudieran conducirlo por agua; pues la larga travesía por tierra, en un país fangoso, desconocido, malsano y sobre todo, enemigo, era terrible y peligrosa; pero desgraciadamente para él, no se le cumplieron sus deseos, pues las autoridades de Trujillo, habían destacado precipitadamente, más de ochenta hombres en su persecución, mientras que el resto de las fuerzas del General don Mariano Álvarez, llegaba a Trujillo.

Esa columna volante iba al mando de un señor Bouloy, de origen francés, quien tuvo un ligero encuentro con la gente de Walker, en el lugar llamado "Catintrí", habiendo perdido éstos, nueve hombres y salido herido en la cara el mismo Walker.

Mientras que éste vagaba por Limón, sin poder orientarse ni tomar ruta conocida, otros sesenta hombres llegaban a engrosar la columna volante de Bouloy, y el General Álvarez llegaba a Trujillo con cuatrocientos hombres; y por el lado de Omoa, arribaba el General Godoy, enviado por el Gobierno de Guatemala, en dos goletas armadas en guerra con sesenta y cinco hombres, entre guatemaltecos y hondureños.

De esta ciudad, habían salido con rumbo a Trujillo, quinientos hombres, al mando del General don Lucio Alvarado.

El General Álvarez se embarcó con su fuerza, el 31 de agosto, en la goleta nacional "Correo de Trujillo", en persecución de Walker, quien había tomado la dirección de "Río Tinto", habiendo concertado con el Comandante del vapor Icarus, el plan de captura siguiente: reunirse en la barra de Río Tinto, el día 2 de septiembre: que ambos jefes saltaran a tierra, al mando de la tropa que se pudiera sacar del buque: que en caso de rendición de Walker y su gente, se pondrían, éste y su segundo jefe A. Ts. Rudier, a la disposición incondicional del General Álvarez; y que a los demás oficiales y tropa se dejarían embarcar, para sus respectivos países, bajo juramento de que jamás volverían a levantar armas contra Centro América.

Puesto en práctica este plan, el Comandante Salmón, se dirigió hacia el interior, acompañado de su gente, y tan pronto que supo en donde se encontraban los filibusteros, les mandó un oficial a intimarles la rendición, bajo la amenaza de que en caso negativo, serían atacados con furia, y que no se respetarían sus personas, a lo cual contestó Walker, ofreciendo rendirse bajo la garantía de su vida, lo mismo que la de sus oficiales y soldados, como efectivamente o hizo, rindiendo su espada al Comandante del Icarus, Mr. Salmón,.

Capturado Walker y Rudier, lo mismo que sus oficiales y soldados, fueron embarcados en el vapor inglés Icarus.

El general Álvarez embarcó su tropa en la que goleta "Correo de Trujillo", y tanto el vapor como la goleta se dirigieron rumbo a Trujillo.

El día 5 de septiembre, fondeó en la bahía de Trujillo la goleta que conducía al General Álvarez y su fuerza; habiendo quedado atrás el vapor que traía a los prisioneros, y llegado a la bahía como a las ocho de la noche.

Otro día, a las cuatro de la tarde, tres grandes lanchas que les habían capturado a los filibusteros, fueron al costado del vapor a recibir los prisioneros, quienes venían custodiados por los marinos del Icarus.

Al desembarcar la fuerza inglesa se formó en línea, en primer lugar; a continuación se colocó la fuerza hondureña, en dos filas para colocar, en el centro, a los filibusteros.

Casi todos los prisioneros traían el aspecto de cadáveres, y algunos de ellos venían, ciertamente, muertos de hambre y sed.

La marcha de entrada fue lenta y grave; yendo Walker a la cabeza de su gente, vestido con mucha sencillez, marchando al redoble acompasado del tambor.

Tan luego como llegó a la fortaleza Santa Bárbara, se le introdujo a una celda solitaria y preguntándosele que necesitaba, solo pidió agua.

Después mandó llamar un sacerdote a quien le protestó su fe de buen católico, y le dijo, además, que estaba resignado a morir y que su carrera política había concluido.

El 11 como a las 7 de la noche, se le notificó la sentencia de muerte, y a tan fatídico mensaje, respondió, preguntando a qué hora sería ejecutado, y que sí se le permitía escribir.

El 12 de septiembre como a las ocho de la mañana, el reo marchaba al lugar de la ejecución, que era el muro de la parte norte de la misma fortaleza.

Iba con un crucifijo entre ambas manos, sin ver a nadie, oyendo los salmos que recitaba el sacerdote.

Entró al cuadro que en el patíbulo formaba la tropa del General Álvarez; y allí con toda seriedad y resignación, pronunció estas últimas palabras: "Soy católico romano. – Es injusta la guerra que he hecho a Honduras, por sus gestiones de algunos roataneños. – Los que me han acompañado no tienen culpa. Sino yo. – Pido perdón al pueblo. – Recibo con resignación la muerte si ella fuere un bien para la sociedad.

Después se sentó en el banquito de la ejecución; y a las voces de fuego, dadas por el jefe que mandaba el pelotón que debía ejecutarlo salió la descarga mortífera que perforó el pecho de William Walker, quien cayó al suelo, muerto por los tiros del soldado libre y republicano.

Su cadáver fue recogido y puesto en un ataúd; después de lo cual fue sepultado sin ninguna ceremonia ni aparato, en el cementerio de Trujillo.

Los Generales don Enrique Palacios y don Casto Alvarado, acompañados de los Licenciados don Manuel Colindres y don Rafael Padilla, lo mismo que de otros militares y sesenta hombres de tropa se presentaron frente a Utila a bordo del vapor "General Sherman" que aquellos habían comprado en Puerto Limón por $ 35,000 a la compañía de ferrocarril; y después de algunos preparativos, procedieron a tomar la isla; pro al ver al Comandante de la plaza don Francisco Landa que trataban de desembarcar los revolucionarios, los atacó furiosamente con treinta hombres que tenía de guarnición y una pieza de artillería del tiempo colonial, logrando así rechazar a los invasores, quienes volvieron a bordo del Sherman.

Viendo Palacios y Alvarado frustrado su plan de desembarque en Utila, se dirigieron para Roatán, la que tomaron sin resistencia alguna, habiendo desembarcado; después de lo cual, procedieron a reclutar criollos, consiguiendo enganchar muchos, los cuales pusieron bajo las órdenes, inmediatas del Capitán John D. Brown, quien hace poco murió.

Al día siguiente, esta expedición armada se dirigió rumbo a Trujillo, llegando a la bahía el 9 de julio de 1873, y desde allí entablaron los jefes Palacios y Alvarado, negociaciones con el Comandante del Puerto, en virtud de las cuales, entregó la plaza, traicionando de esa manera al Gobierno que servía. [5]

Nota: Aunque éstos y los siguientes detalles de la expedición del Sherman no corresponden al objeto de esta "Reseña Histórica" he tenido a bien publicarlos, tanto por seguir el curso de los acontecimientos del Sherman que comenzaron a desarrollarse en las Islas de la Bahía, de donde se sacaron muchos criollos capitaneados por el Capitán Brown, como porque estos datos históricos de acontecimientos importantes en que tomaron parte de personajes prominentes de la política hondureña y aun centroamericana desconocidos por la juventud actual hay que salvarlos del olvido en que se encontrarían; sino fuera, en parte, a la patriótica y laudable labor de mi maestro y amigo, el Dr. don Pedro A. Medal, quien, con esa paciencia metódica que le caracteriza ha coleccionado, desde tiempos pretéritos, el "Boletín Oficial", publicado durante el corto y turbulento período de Gobierno del Lcdo. Céleo Arias; el cual boletín me ha facilitado el Doctor Medal. Fernando P. Cevallos.

---

[5] Aunque éstos y los siguientes detalles de la expedición del Sherman no corresponden al objeto de esta "Reseña Histórica" he tenido a bien publicarlos, tanto por seguir el curso de los acontecimientos del Sherman que comenzaron a desarrollarse en las Islas de la Bahía, de donde se sacaron muchos criollos capitaneados por el Capitán Brown, como porque estos datos históricos de acontecimientos importantes en que tomaron parte de personajes prominentes de la política hondureña y aun centroamericana desconocidos por la juventud actual hay que salvarlos del olvido en que se encontrarían; si no fuera, en parte, a la patriótica y laudable labor de mi maestro y amigo, el Dr. don Pedro A. Medal, quien, con esa paciencia metódica que le caracteriza ha coleccionado, desde tiempos pretéritos, el "Boletín Oficial", publicado durante el corto y turbulento período de Gobierno del Lcdo. Céleo Arias; el cual boletín me ha facilitado el Doctor Medal. Fernando P. Cevallos.

Los revolucionarios desembarcaron y se organizaron mejor; pero cediendo a poner las autoridades civiles y militares de la ciudad, permaneciendo en poder de la plaza siete días o sea hasta el quince del mismo mes, fecha, en que la abandonaron, reembarcándose como a las cuatro de la tarde en el Sherman, pues la vanguardia del ejército del General don Salomón Ordoñez, comandada por el Coronel don Leandro J. Rodríguez hacía su entrada a la misma hora en que aquellos se embarcaban.

El Sherman se dirigió en seguida para Puerto Cortés, en donde desembarcaron Palacios y Alvarado lo mismo que los revolucionarios.

Al saberse en Omoa la aproximación de éstos el Comandante del Castillo Teniente Coronel J. Betancurt se reveló contra el general don Ricardo Streber Comandante del Puerto, desconociendo al Gobierno del señor Arias, y poniéndose al servicio de la revolución; pero el General Streber que tenía su cuartel general en San Pedro Sula, distante de Omoa, doce legua corrió precipitadamente al lugar de la insurrección, con suficientes fuerzas, para hacer escarmentar al jefe traidor; y al llegar a los alrededores de Omoa las desplegó de la siguiente manera: el día treinta de julio, como a las nueves de la noche, después del toque del silencio ordenó el General Streber a sus tropas que hicieran fuego en todas direcciones; y mandó que el Teniente Coronel don Luis Blum, Capitanes Dolores Zúniga, Teodoro Rodríguez, G. Buitrago y Sub – Teniente Inocente Pacheco, tomaran con dos escuadras de soldados el lado derecho del Castillo. El izquierdo fue atacado por el Coronel Manuel Rubén, Teniente Coronel Lucas Calderón, Capitán Isaac Blanco, Teniente Laínez y otros oficiales.

Por el centro atacó el General Streber acompañado de su segundo jefe Coronel Tomé, y demás oficiales de su División y el resto de sus tropas.

Después de abiertos los fuegos contra el Castillo, la columna del centro se lanzó al asalto de las murallas, habiendo llegado al pie de las fortalezas, quedando así a cubierto de los fuegos del Castillo; pues los soldados de éste no hacían más que sacar sus rifles por las troneras para disparar hacia abajo, porque al salir o asomar las cabezas por sobre los muros, para atacar a los asaltantes que estaban al pie de las murallas, las demás tropas del General Streber les hacían mortíferas descargas, que los hacían ocultarse nuevamente tras los bastiones de la fortaleza; y al cabo de hora y media de incesante fuego, y viendo los sitiados el grave peligro que corrían de ser arrollados por la columna asaltante que estaba al pie de la fortaleza, cesaron el fuego, lo cual aprovechó el General Streber, para proponerles la rendición del Castillo, por medio del Cónsul Americano, don Carlos Follín, lo cual aceptaron aquellos, habiendo entregado el Castillo de San Fernando el siguiente día a las nueve de la mañana.

Las fuerzas del General Streber, en medio de los trasportes de júbilo que proporciona el triunfo; tomaron posesión de la fortaleza que el gobierno del licenciado don Céleo Arias, había puesto bajo su salvaguardia, y permanecieron tranquilos en ella, bajo el mando personal del General Streber, hasta el siete de agosto siguiente, fecha en que fue atacado el Castillo, por fuerzas de mar y tierra de la expedición del Sherman.

La fuerza de desembarque que operaba en tierra, estaba comandada por el Coronel Manuel Lubén, quien había traicionado ya al General Streber, en una comisión que le confió a Cabo Sapotillo, pasándose con algunos solados a la expedición del Sherman.

El combate comenzó desde las doce del día, bombardeando el Sherman la fortaleza, para apoyar el asalto que pretendían dar a las murallas las tropas que atacaban por tierra.

Lubén con su fuerza se lanzó al asalto, con brío y denuedo; pero las fuerzas del Castillo, alentadas por las arengas del General Streber, y por el valor impertérrito que éste mostraba, en medio de sus soldados, se llenaban a cada momento de valor y coraje, y arreciaban más y más sus fuegos de artillería e infantería, contra los asaltantes, quienes al verse diezmados por el huracán de balas que vomitaban los sitiados, quienes tenían por jefe a un militar experimentado y valiente como el General Streber para acometerlos furiosamente pecho a pecho, en la sabana de Omoa, en donde después de largo y reñido combate, fueron deshechos los revolucionarios, habiendo quedado en el campo de batalla el jefe Lubén, pagando así su traición con que había enlodado sus galones, el oficial Cruz Ardón, el sargento Leandro Adriano y varios soldados; habiendo sido capturado el Comandante del Sherman, Mr. Tracy, el médico del vapor Doctor Barraza, el Sub – Teniente Nicolás Vásquez, y el agregado José González, natural de las Islas Canarias, quien estaba gravemente herido. Habiéndoseles capturado varios rifles Remington de nuevo sistema, muchos revólveres, parque, dinero, tres lanchas y un pabellón adornado con gallardetes verdes.

Después de esta derrota, la expedición del Sherman se dirigió para Puerto Cortés, en donde desembarcaron los revolucionarios, con el objeto de reorganizarse y de reponerse del descalabro sufrido en Omoa, para dirigirse hacia el interior del país.

Después de reorganizarse se dirigieron para San Pedro Sula, en el tren que conduce a esa ciudad; y dos días después de la derrota de Omoa, tentaron suerte, acometiendo a las fuerzas del General Solares, acampadas en Chamelecón.

Antes de este ataque, celebraron el Consejo de Guerra los revolucionarios, sobre si atacaban o no a Solares, siendo de parecer varios jefes, entre ellos el General Miranda, que no era conveniente dar la acción de Chamelecón, porque Solares estaba bien afortinado, y, además, el espíritu de la fuerza estaba decaído a consecuencia de los reveces sufridos en Trujillo y Omoa; pero el General don Casto Alvarado, hombre de carácter fogoso, combatió las opiniones de sus colegas, con tanto ardor y resolución que consiguió disuadir al Consejo, sobre la conveniencia de dar el combate allí en Chamelecón. Después de lo cual procedieron a arreglar sus tropas, constantes de cuatrocientos cincuenta hombres, bien armados de Remington de sistema moderno, un cañón y una ametralladora.

El General Solares acompañado del General Pablo Nuila, del Teniente – Coronel don Luis Bográn y de otros jefes, parapetaron sus fuerzas, como a las once del día, en el punto que está situado al norte del Río Chamelecón que dista de San Pedro, como dos leguas; habiendo construido, además, un fortín atrincherado sobre el camino de hierro.

El día nueve a las ocho de la mañana se presentaron las fuerzas revolucionarias procedentes de San Pedro Sula, y abrieron un furioso fuego de infantería y de artillería con el cañón y ametralladora que habían emplazado en uno de los trenes del ferrocarril.

Ambas fuerzas tuvieron que batirse frente a frente, dándose furiosas embestidas, sin poder desplegarse en alas, por las dificultades naturales que presentaba el terreno.

Así pasaron todo el día, hasta que al fin, a las ocho de la noche, comenzaron a retroceder las fuerzas del General Miranda, a consecuencia de las muchas bajas que sufrían, siendo una de ellas la del General don Casto Alvarado, la que quizá desconcertó y desalentó las fuerzas revolucionarias que se declararon en derrota, salvándose en los trenes del ferrocarril, llevándose los heridos; habiendo ido a pernoctar a San Pedro.

Explorando el campo a la mañana siguiente, fueron encontrados los cadáveres del General Alvarado y del Coronel Antonio Muñoz, lo mismo que los de catorce soldados revolucionarios.

Se le tomaron muchos prisioneros y elementos bélicos.

El General Solares al dar el parte del combate al Gobierno del Sr. Arias, recomendó especialmente al General don Pablo Nuila, por haber estado al frente del enemigo sin separarse un momento de su puesto que era de los más peligrosos; al Teniente – Coronel don Luis Bográn, por su valor y arrojo; lo mismo que a los Capitanes Francisco Rodríguez Ortega, Abelardo Ruiz y Ramón Durón.

Así terminaron las incursiones del memorable Sherman, en las que tomaron parte muchos criollos de Islas de la Bahía, quienes recuerdan hoy aquellos aciagos tiempos, con terror y espanto.

CAPÍTULO IX: DIFICULTADES POR CUESTIONES DE NACIONALIDAD

El año de 1902 se suscitó la cuestión de nacionalidad de los isleños, la cual levantó los ánimos a tal grado que el Gobierno tuvo que intervenir de acuerdo con el Gobierno inglés, quien mandó a aquellas aguas el buque de guerra PSYCHE, siendo su Comandante el señor Cooper Key, y yendo a bordo de el Vicecónsul en Trujillo, don Emilio Koenemann; y, el 16 de julio se reunieron en el Salón del edificio que ocupa la Comandancia de Armas, los expresados funcionarios, y suscribieron el acta que literalmente dice: "En Roatán, a los dieciséis días del mes de julio de 1,902, reunidos en el Salón de la Comandancia de Armas de esta cabecera departamental, el señor Pro Cónsul inglés, don Emilio Koenemann, el señor Comandante del buque de guerra inglés Psyche, señor Cooper Key que arribó a este puerto el día de ayer a la una p. m. y el señor General don Domingo Lacayo Jerez, Gobernador y Comandante de Armas del departamento de las Islas de la Bahía, con el objeto de venir a aclarar y averiguar los reclamos que han hecho varios individuos y la cuestión de nacionalidad de los habitantes de esta isla; y estando presente la mayor parte de los ciudadanos de este pueblo y aldeas adyacentes, el señor Comandante del vapor de guerra leyó el Tratado celebrado entre la Gran Bretaña y la República de Honduras, en la parte referente a la cuestión que se trataba de resolver en junta general, después de haber exigido varios de ellos la exhibición de sus cartas de nacionalidad".

El señor Comandante expuso: que los documentos presentados y extendidos por autoridades coloniales inglesas no revisten fuerza legal porque los efectos del Tratado antes indicado los hace nulos y de ningún valor, además de que muchos de los ciudadanos que pretenden ser de nacionalidad inglesa no han confirmado su carácter de tales, solicitando del Gobierno de esta República y de conformidad con la Ley de Extranjería vigente la matrícula que acreditaría de un modo definitivo su condición de ciudadanos ingleses.

Seguidamente el propio señor Cooper Key expuso que a su juicio, y según el espíritu del Tratado que hizo mención, todos los habitantes que hubieren fijado en residencia en esta Isla, con anterioridad al año de mi ochocientos sesenta en que principió la vigencia del Tratado; y todos los descendientes de ellos deben considerarse y tenerse como verdaderos ciudadanos hondureños, conservando tan solo su carácter de ciudadanos ingleses, los que hayan fijado su residencia definitiva del año citado a la fecha; pero con la condición precisa de que en observancia de las leyes del Reino Unido de la Gran Bretaña, y tomando en cuenta las prescripciones del Derecho Internacional Privado, manifiesten ante la primera autoridad política del departamento su deseo de conservar la nacionalidad que les legaron sus padres, y exigiesen al Gobierno de esta República sus respectivas cartas de nacionalidad.

En consecuencia, se resolvió, que los documentos presentados por varios ciudadanos, y extendidos por autoridades del Gran Caimán y Belice no tienen la suficiente validez, quedando todos los habitantes que viven en esta Isla, desde el año de 1860 y todos sus descendientes, sujetos en un todo a las leyes hondureñas, y exactamente, en las mismas condiciones de todos los nacionales de la República de Honduras.

Se dispuso, además, pasar en compañía del señor General Lacayo, y a bordo del Psyche, a las islas de Guanaja y Utila, y resolver en esos lugares lo que con respeto a nacionalidad inglesa reclaman sus habitantes.

Se dio por terminado el acto y se ordenó sacar dos copias de un mismo tenor, una para el señor Pro Cónsul Koenemann y la otra para el señor Gobernador General Lacayo J., actuando como Secretario Específico, el que suscribe. – Emilio Koenemann. – Domingo Lacayo J. – J. Gómez V. Secretario.

ACTA DE GUANAJA

En la isla de Guanaja, el día diez y siete del corriente mes, a las 8 y media a. m.; reunidos en el Cabildo Municipal, el señor Pro Cónsul inglés, don Emilio Koenemann, el Comandante del Psyche y el Comandante de Armas del departamento, antes mencionado, con el objeto de aclarar e investigar las reclamaciones que han presentado varios individuos ante la Legación Inglesa residente en Guatemala, y la cuestión de nacionalidad de los habitantes de esta isla, con asistencia de la mayoría de ellos y los de las aldeas circunvecinas, examinaron e investigaron sobre las siguientes reclamaciones:

1ª – Señor Garvin: resultó que este señor es ciudadano hondureño, por haber sido habitante de estas islas desde antes de haber sido celebrado el Tratado antes referido; y por tanto: se resolvió que no tiene lugar la reclamación.

2ª – La del señor George Caster: resultó en efecto súbdito inglés, pero fue averiguado que ha sido multado con justicia y conforme a las leyes de Honduras. Se resolvió que no tiene mérito la reclamación.

3ª – El señor McLaughlin no se presentó. En seguida el señor Comandante Cooper Key les leyó en voz alta y en idioma inglés a todos los que allí estaban reunidos, el Tratado celebrado en 1859, entre los Gobiernos inglés y hondureño, en la parte relativa al asunto de que se trata; con exquisita cultura y amabilidad manifestó a las personas más importantes el deseo que tiene de que se resuelvan amistosamente las reclamaciones pendientes contra las autoridades del departamento.

A continuación el señor Gobernador y Comandante de Armas, amonestó públicamente al Comandante Local de la isla, la obligación que tiene de no maltratar ni flagelar a ninguna persona, cualquiera que sea su nacionalidad, sino que debe, únicamente, sujetarse, en el ejercicio de sus funciones, a las prescripciones de la ley. Se terminó el acto firmando la presente acta. – Domingo Lacayo Jerez. – Emilio Koenemann, Pro Cónsul. – J. Gómez V., Secretario.

ACTA DE UTILA

En la isla de Utila, el día 18 del corriente, a las 8 y cuarto a. m., presente el señor Comandante del buque de guerra inglés Psyche, fondeado en aguas de este puerto, el señor Pro Cónsul inglés en Trujillo, don Emilio Koenemann, el Sr. Gobernador y Comandante de Armas del departamento, General de División don Domingo Lacayo Jerez, y la mayoría de los habitantes de estas islas y aldeas adyacentes, en el local que ocupa la Escuela; procedió el señor Comandante del Psyche, Mr. Cooper Key, a dar lectura en voz alta y en idioma inglés, ante la numerosa concurrencia, al Tratado celebrado en 1859 entre Honduras y la Gran Bretaña, en la parte relativa a la nacionalidad de los habitantes de esta isla; les hizo saber que todos los ingleses y sus descendientes que se hayan quedado habitando estas islas con anterioridad al año de 1860, son considerados como verdaderos ciudadanos hondureños; y únicamente aquellos ingleses que hayan fijado su residencia posteriormente a la fecha del Tratado e inscritos con los requisitos del caso, serán tenidos como súbditos ingleses; además les hizo saber que, aunque sean ingleses, los que para ellos tengan verdaderos derechos, están en la obligación de obedecer y respetar las leyes de la República de Honduras. Dando en esta isla como en la de Roatán y Guanaja, el mismo resultado antes dicho, firmando los que suscriben. – Domingo Lacayo J., – Emilio Koenemann, Pro Cónsul. – J. Gómez V., Secretario.

Así ha terminado el largo período de las intervenciones inglesas en las Islas de la Bahía.

CAPÍTULO IX: TIEMPOS PRESENTES

Las islas han sido visitadas oficialmente por los Presidentes de la República, Generales don José María Medina, don Luis Bográn, don Terencio Sierra, don Manuel Bonilla y el Dr. don Policarpo Bonilla, habiendo sido esas visitas de gran utilidad para el país, pues han contribuido grandemente para aumentar el sentimiento nacional en los isleños, cuyos antepasados se creían empequeñecidos al considerar que podrían ser ciudadanos hondureños; ya hoy éstos, al ir a aquellas bellas islas que, con justicia se les ha llamado El Jardín del Golfo de Honduras, no se creen extranjeros en su propia tierra; y los isleños ya se preocupan y toman mucho interés en los asuntos nacionales y locales, en la amplia órbita de los derechos y deberes que les conceden las leyes hondureñas, cual dignos discípulos de la sabia, recta y justiciera escuela inglesa.

Estos buenos sentimientos de los isleños, en favor de la patria hondureña, también se debe, en mucho, al tino que ha tenido el Supremo Gobierno en saber escoger los funcionarios departamentales y empleados secundarios para el mando y administración de las Islas, quienes, con raras excepciones han sabido cumplir con sus deberes tanto oficiales como sociales, atrayéndose así el cariño y simpatía de aquellos buenos y pacíficos moradores para quienes, en otras épocas no había más que rigor, desprecio y parcialidad de razas, actos impropios e impolíticos que han motivado emigraciones y odio para el resto de los hondureños.

En general hay mucha moralidad en las familias y ciudadanos; y el respeto a las leyes y autoridades es grande, como es raro verse en nuestras poblaciones del interior en donde llamamos libertad al abuso y libertinaje, y en donde, con excepción de los pueblos indígenas está casi destruido el principio de autoridad, el cual acatamos solo que se nos presente en la punta del sable o en la boca de los rifles.

El patrimonio de los isleños consiste en el cultivo de coco, el que les produce pingües ganancias; pues la fruta se vende, durante la cosecha a sesenta y cinco pesos el mil, de manera que el producto en metálico de cada cosecha es como de medio millón de pesos, más o menos.

Aquellas tierras son excelentes e inmejorables para el cultivo de la caña de azúcar el plátano y cereales; pero sus moradores no se dedican a él, lo cual es una verdadera lástima, máxime si se toma en cuenta que en estos últimos años se está desarrollando una enfermedad en los cocoteros la que está haciendo muchos daños y destruyendo muchas plantaciones, lo que dará por resultado que, con el tiempo se van a acabar los viejos cocales, y con eso vendrá la ruina de las Islas.

El comercio se hace con los Estados Unidos, Belice, La Ceiba y Trujillo; y existen en la ciudad cinco buenas tiendas de comercio más las ambulantes de los turcos.

Roatán es un lugar precioso, tanto por sus edificios como por lo pintoresco de su paisaje; y los hondureños del interior no tienen ni remota idea de las bellezas que allá se contemplan, tanto en su suelo y mar como en su cielo azul.

Existen hermosas calles, con sus puentes de madera, una de ellas se prolonga por el Oriente convertida en carretera, hasta llegar a la linda población llamada Coconut Garden o Jardín de Cocos, distante de la ciudad, como una milla; y por el lado occidental se prolonga hasta llegar a Flowers Bay, teniendo a uno y otro lado, bonitos chalets, casas con sus jardines y hermosos cocales.

Otra calle construida bajo la dirección personal del Señor Gobernador R. López H. es como de cuatrocientas yardas de largo; y comunica directamente con el barrio El Tiket con su calle que conduce a Coconut Garden; con su puente y terraplén sobre el zuampo.

Por ambas calles recorren los coches de la empresa Charles Brown & Sons.

En Oack Ridge existe un notable astillero, para fabricación y reparación de grandes y pequeñas embarcaciones de vela, con sus respectivos diques, máquinas, aserraderos, herramientas, siendo de propiedad de los señores Cooper Bros.

Desde Méjico hasta Brasil no existen astilleros como éste.

No hace mucho se fabricaron allí seis grandes goletas pescadoras para Cuba, lo mismo que los guarda – costas del Gobierno.

Dichas goletas tienen un gran tanque de agua en el fondo, para mantener vivo el pescado; habiendo costado su construcción la suma de $ 45,000 cada una.

La famosa gasolina llamada Katie Esau de 130 caballos de fuerza, luz eléctrica, camarotes, fue construida en ese astillero.

Se proyecta la instalación de una buena planta de telegrafía sin hilos que comunicará con la estación de Vaccaro Bros de La Ceiba, lo mismo que con la de la United Fruit Company de Trujillo y Tela.

Las escuelas públicas están bien servidas por profesores y directores titulados.

La escuela de niñas tiene su edificio de dos pisos, con su hermosa verja de hierro, en cuya portada se lee el simbólico nombre "Minerva."

En el piso alto se ha colocado un magnífico piano que costó a la municipalidad cuatrocientos dólares.

La Municipalidad de Roatán tiene una entrada anual de $ 35,000 y por esa razón, paga a los Directores de sus escuelas un sueldo de ciento cincuenta pesos mensuales.

En el centro de la ciudad se encuentran los edificios nacionales, los cuales son muy hermosos, de dos pisos, con salas y piezas para habitaciones, encontrándose en ellas la Gobernación Política, Comandancia de Armas, Aduana, Correo Juzgado de Letras y Bodega Nacional.

Cerca de dichos edificios está la Casa Municipal, el Casino que sirve para los bailes públicos; las cárceles y el Mercado, el cual queda unido al muelle por un puente de madera.

Sobre una pintoresca y verde colina se encuentra el cuartel, el cual tiene habitaciones y piezas para oficinas. Desde allí se divisa toda la bahía y mares adyacentes, lo mismo que las costas trujillanas y ceibeñas.

En mitad de dicha colina se encuentra el Parque, en el que se levanta la hermosa torre de cincuenta pies de elevación; y en ella está colocado el reloj público traído por el progresista Alcalde de 1910, Mr. Willie Warren, siendo dicho reloj uno de los mejores de

Centro América y el mejor de la República, superior a los de la capital, Comayagua y Juticalpa que tiene fama de buenos.

Este reloj da horas y cuartos de hora, con dos grandes campanas de distinto tono, traídas de Alemania, teniendo cuatro carátulas de vidrio despulido, las cuales permanecen iluminadas toda la noche por una gran lámpara que se coloca en el interior, lo que permite ver los números desde larga distancia, y sirve de faro para las embarcaciones que transitan de noche por el mar. Las horas se oyen a larga distancia.

Existen en la ciudad de Roatán, tres iglesias, siendo la más hermosa la Methodista, a la que le siguen la Católica y Adventista.

Los ministros metodistas tienen, sobre una colina, su hermosa casa, llamada Mision House, tienen también su banda de música, llamada Banda Methodista.

El Gobierno, tiene su banda de diez músicos, con su director.

La Bahía, aunque no es muy extensa, es bastante profunda, y más que suficiente para la navegación de más grandes vapores que hacen el tráfico en la Costa Norte, y los cuales vapores atracan a las casas de cocos, en donde se almacenan millones de estos frutos.

Vista la isla desde a bordo, presenta un bellísimo panorama, digno de la paleta de un gran astista; y su Banda Norte y Banda Sur, están pobladas de grandes cocales que principian desde West End, hasta el fin oriental de la isla.

Al lado derecho de la bahía se encuentra el lindo islote llamado Callo de Palmas, el cual está cubierto completamente de cocoteros que siempre están en plena primavera; y allí tiene establecido su astillero M. George Osgood, uno de los extranjeros más honrados y formales que han venido a estas islas.

Existen en la ciudad, cinco Agencias Fruteras, con edificios propios, en los que se encuentran las oficinas de ellas. Dichas agencias son: una de la "United Fruit Company", otra de Vaccaro Bros., otra de Franklin Baker, otra de Cooper & Warren and Sons.

También se encuentra en Roatán dos cementerios: uno nuevo, inaugurado el año de 1910, y el viejo; al cual se le ha colocado una hermosa verja de hierro, con su portada, sobre la que se encuentra esta inscripción: "Municipalidad de 1911".

La Municipalidad hizo llegar de los EE. UU. un hermoso carro fúnebre, para la conducción de los cadáveres al cementerio.

Hay fábricas de hielo y aguas gaseosas en Roatán y Guanaja.

Está para instalarse una buena fábrica, para el beneficio del coco, en la cual se manufacturarán esteras, cordelería.

En conclusión, diremos que en aquellas islas se vive en plena paz y tranquilidad, sin esas zozobras que proporcionan las cuestiones políticas en el interior.

¡Benditos sean los pueblos que, como los de las Islas de la Bahía, llenos de fe y constancia mantienen en perpetua lucha sus legiones de trabajadores, y en constante movimiento sus numerosos barcos, no para la destrucción de unos y otros, sino para la conquista del terreno inculto y el intercambio comercial que traen consigo, la civilización y la fraternidad!

LIBRO II: FOLKLORE HONDUREÑO Y TRADICIONES DE LA CIUDAD DE COMAYAGUA

El Dr. FERNANDO P. CEVALLOS

Contribuye a reconstruir las tradiciones populares
Comayagua, 21 de octubre de 1929.

Señor don Manuel M. Calderón.

Estimado amigo:

Dice el Dr. don Manuel F. Rodríguez, en uno de sus artículos publicados en El Cronista, lo siguiente:

"Sería una obra patriótica recoger nuestras tradiciones, cantos populares, supersticiones, cuentos de esos que se repiten de boca en boca, de generación en generación; que la nacionalidad se ha mantenido entre nosotros, por los lazos del idioma, la religión y la raza; pero poco, muy poco han contribuido las tradiciones nacionales: que de ese gran tesoro de sabiduría popular, de esa ciencia del pueblo que se define con la palabra extranjera folklore, nada sabemos.

Pues bien: Si recoger la historia y tradiciones de su pueblo es obra de patriotismo, yo pongo mis granos de arena en la hermosa obra de reconstrucción de la literatura nacional, publicando mis folklores de Comayagua, ciudad histórica, legendaria, rica en leyendas de trovadores, de gentiles – hombres, de damas linajudas, de encantamientos, de fantasmas y de espíritus maléficos.

Por eso a Comayagua, la Antigua Valladolid de los Gobernadores de Provincia y de los ilustres Obispos, debe estudiárseles con los ojos del talento observador, que saben hallar historia patria, en sus templos, en sus ruinas, en su Palacio Episcopal, en su Seminario, en su Caja Real, en donde aún se ostentas las armas e inscripciones de un Felipe V El Animoso y de una Isabel de Farnesio; en las losas de las tumbas y aun en las rocas musgosas de sus derruidos templos y cementerios.

Comayagua es la ciudad romántica de Honduras, que ha sido cuna de civilización de Hibueras; y siendo de las primeras en ofrendar su sangre generosa y sus tesoros, cuando ha sido necesario ofrendarlos, en aras de la patria.

Comayagua encarna la historia de Honduras, y por eso el pueblo hondureño le debe veneración y respeto.

Te envío, querido Manuel, esas historias y leyendas tradicionales, para su publicación; y ellas, indudablemente, para su publicación; y ellas, indudablemente, te traerán el recuerdo de aquellos dulces días de la infancia, en que juntos, con otros amiguitos, hoy prominentes ciudadanos, las oíamos, llenos de terror de niños, de labios de mamá Matías y de otras inolvidables viejecitas.

Cordialmente.
Fernando P. Cevallos

En nuestra edición de mañana principiaremos a publicar los interesantes relatos regionales del ilustrado Dr. Cevallos, a que se refiere la epístola anterior, los cuales indudablemente despertarán gran interés entre vuestros lectores, especialmente en aquellos que saben dar el valor que merece ese género de literatura, que tan escasamente han cultivado nuestros hombres de letras.

LA VETUSTA CRUZ DE SAN FRANCISCO Y EL FANTASMA DE LA NUBE

Suceso maravilloso y fantástico
ocurrido hace trescientos años
en la ciudad de Comayagua

Existe en el interior de la iglesia de San Francisco, de esta ciudad, una antigua y vetusta Cruz de madera fina, obscura, ya carcomida por la acción de los siglos, como de dos metros de alto por uno y medio de ancho, en los brazos; y en dicha Cruz ocurrió en el año de 1603, esto es, hace unos trescientos veintiséis años, el suceso maravilloso y fantástico que a continuación relataré, cuya narración fue tomada de don Francisco Cruz, el año de 1856, de La Crónica del Santísimo Nombre de Jesús de Guatemala, de la Orden de N. S. P. San Francisco.

La narración del suceso fantástico dice así:

"Todos los viernes, al punto del mediodía, se veía venir hacia un río que está cercano al Convento de Frailes de N. P. San Francisco (El Río Chiquito), un fantasma, bulto o sombra formidable de mayor tamaño que el de un cuerpo humano, vestido como de una nube blanquísima, cuyo movimiento era tardo, espantoso y como ocasionado del aire.

El término de su movimiento era la Cruz que está en el Cementerio de dicho Convento, con la cual se incorporaba de modo que envolvía en sí la Cruz.

Cuál fuese el primer día que apareció no se pudo saber; como no era más que los viernes, la hora por sí ocupada, la gente del lugar, no mucha, el sitio en que aparecía a tras mano, no se advirtió, hasta que la voz del primero que la vio, y cuidado de personas de valor, que ya por el susurro común quisieron investigar la novedad, se supo y se conoció del lugar, día y hora de estos aparecimientos, con asombro común de todos, sin que alguno se atreviese a delatar la diligencia; aunque no faltó quien lo intentase, y le costó a rigor de calenturas que le causó el miedo, no menos que la vida.

A este tiempo se dijo en Comayagua, cómo el Padre Franciscano Fray Esteban Verdelete había entrado por la Segovia, a los indios infieles, con lo que, verosímilmente, afirmaron todos, y fue generalmente opinado que le habían muerto los indios, y que allí aparecía, por disposición divina, para manifestar el modo.

Pero cuando de vuelta de su peregrinación le vieron todos vivo, creció el pavor y se le noticiaron de todo lo ocurrido y su muerte que imaginaron, la cual fue para él, un dogal que le acaba la vida, y el suceso para la ciudad, un horros que los hacía vivir despavoridos y cuidadosos del paradero que tendría.

El Padre Fray Esteban Verdelete, habiendo pedido a Dios, con prolijas e instantes oraciones y ejercicios espirituales, le manifestase el fin de aquel asombro; conferida la materia con el Ilmo. Señor Obispo de aquella Iglesia, don Francisco Gaspar de Andrade, religioso Franciscano, tan espiritual y apostólico, como docto y prudente; habiendo hecho Su Señoría, por sí y por sus ovejas, muchos ayunos y oraciones, dio su bendición al Padre Fray Esteban, para que un viernes, diciendo misa a las once, saliese inmediatamente a esperar la visión, como Ministro de Dios; y quien, para el caso, tenía autoridad episcopal, pidiese a la criatura que en aquella nube o espera niebla que envolvía, revelase, siendo voluntad de Dios, lo que significaba.

Así lo hizo el valeroso religioso; y a vista de todo el pueblo que a la novedad se había reunido, esperó, no sin grande horror de los que lo veían, la sombra en la peana de la Cruz, la cual, llegando a ella, la envolvió, como en un globo de niebla espesa que apenas permitía se pudiera ver al religioso, aun siendo a mediodía.

A veces, formado por la niebla, un sujeto como de humana persona, se veían dos como que conversaban alguna materia de importancia; otros, en una profunda suspensión, veían solamente al Padre Fray Esteban, rodeado de la niebla, como que atentamente escuchaba.

Duró doce horas continuas el coloquio, desde las doce del día hasta las doce de la noche; asistiendo, en lo que permitía, de los ángulos del cementerio, cuanta gente había en la ciudad, con extraño pavor que ninguno osó llegar a ver o escuchar de cerca lo que entre los dos pasaba.

Al fin de la cual colocación, vieron – porque alumbraba la luna – que el Padre Fray Esteban daba una bendición a la sombra que en forma de persona humana se transformó; y que de allí, por el camino que había venido, se fue, acompañado del religioso, el cual volvió; y sin hablar palabra ni hacer otra cosa que sentarse a descansar un rato, como hombre que venía muy fatigado, y tomar algunos tragos de agua, se fue inmediatamente a casa del Señor Obispo, de donde no volvió hasta el día siguiente.

Muy de mañana salió orden del Señor Obispo, de ruego y encargo a todos los sacerdotes de la ciudad, Regulares y Seculares, de que aquel día y otros dos, celebrasen todos a su intención; y Su Señoría dijo Misa Pontifical, en la festividad del día, en la cual hubo sermón que predicó el Padre Fray Esteban, ponderando las misericordias de Dios; exhortando a todos ser agradecidos; y asegurando de parte de su Divina Majestad que nunca jamás aparecería aquel fantasma o sombra, sin deslizársele palabra que manifestase lo que fue, ni jamás se supo, porque el secreto quedó entre el Obispo y el Padre Fray Esteban.

Concluyó su sermón, diciendo que a él le convenía dejar aquella tierra, porque Dios le llamaba para otros misterios de su servicio; y pidiendo a todos, oraciones por el buen suceso de lo que tomaba entre manos; despidiéndose con palabras tan dulces y eficaces, tomadas de San Pablo, como se refieren en el Capítulo 20 de los Hechos Apostólicos, que excitando copiosísimas lágrimas, en todo su auditorio, le impidieron el acabar sin ellas; y de allí a las veinticuatro horas salió para Guatemala".

El Señor Cruz, agrega:

"Este artículo ha sido fielmente sacado de la Crónica a que se refiere; y la Cruz en la que se efectuó tan maravilloso acontecimiento es la que existe aún en la plazuela de San Francisco (hoy está adentro de la Iglesia), a pesar del transcurso de más de doscientos años, (hoy trescientos veintiséis años) y de haberla hecho pedazos, dos o tres incrédulos (tiene un cincho alrededor de la quebradura) y el infrascrito hace imprimir, a su costa, el presente, con el fin de excitar la piedad de los fieles, y para que Comayagua no pierda el recuerdo de un suceso tan notable".

LA HISTORIA DEL VIEJO Y SANTO ERMITAÑO
DE LUENGA Y CANOSA BARBA

Hacía sacrificio una vez al año
en cada noche de Jueves Santo

Mi buena abuela me contaba, en los dulces días de la infancia, que un viejo ermitaño, de luenga y canosa barba, quien habitaba cierta cueva de la montaña, vivía en perenne oración, alimentándose de hierbas y raíces, vestido de un sayo oscuro, y fajado de la cintura con una cuerda, con la que se aplicaba cilicios para martirizarse, todo en honor y gloria de Dios; y que todos los años venía desde su lejana cueva, por el camino de la aldea de El Sitio conduce a esta ciudad, arrastrando una pesada peña, que amarrada a un pedazo de soga se envolvía en la cintura.

Este sacrificio del viejo ermitaño lo hacía una vez al año, en la noche de cada Jueves Santo, como a eso de las ocho, con el objeto de visitar los Monumentos de los Templos.

Llegaba, primeramente, a la Iglesia de La Merced, y al frente del atrio se hincaba y hacía oración; besaba la tierra, salmodiaba el Miserere Mei Deus, y después salía en dirección de la Iglesia de La Caridad; y terminaba la visita del Monumento de este templo, se encaminaba, por la Calle Ancha, a la Iglesia del Carmen, de donde partía, para hacer su última visita, al Monumento de la Catedral.

Allí entonaba, en voz baja, un canto triste, funerario, y cuyas apagadas voces llegaban a oídos del Prelado Diocesano que allí cerca habitaba, quien salía a su balcón, desde donde le daba su apostólica bendición, al anciano anacoreta.

Este santo ermitaño regresaba por el mismo camino que había traído, siempre arrastrando su pesada peña, envuelto en su sayo, de tal manera que nadie podía descubrirle el rostro.

Un año, el último de su venida, como de costumbre, llegó a hacer su visita de Monumentos, en la noche del Jueves Santo; y después de sus oraciones y rezos, en el Monumentos de La Merced, se levantó y caminó hacia la Iglesia de San Francisco, arrastrando su pesada carga.

Pero como la tentación nunca falta en estos días santos, apareció por allí un borracho de apodo Pachito, quien se lanzó sobre el ermitaño, tratando de descubrirle el rostro, al claror de los rayos de un hermoso plenilunio de aquella noche apacible y santa; pero como el anacoreta se cubrió el rostro fuertemente con su sayo, el desalmado le dijo:

"Santulón, si sos tan fuerte, arrástrame a mí también"; y se le sentó en la peña, que el anciano ermitaño no pudo mover, lanzando un gemido de desesperación y exclamando, con estentórea voz, estas palabras: "Señor, Señor, ¡ten piedad de nosotros!".

Aquellas voces, como salidas de un volcán, retumbaron en el atrio de la Iglesia, en donde había varias personas, quienes, al darse cuenta del sacrílego ultraje del borracho al anacoreta, corrieron a quitarlo de encima de la peña, lanzándolo al suelo.

El ermitaño, dando gemidos ahogados, se regresó, arrastrando su pesada roca, a su caverna de la montaña, para no volver jamás…

Todos los vecinos del barrio aseguran que murió el tal Pachito, salió del cuarto en donde estaba tendido, un fuerte olor a azufre, y que había allí un hálito de terror y espanto…

LA PROCESIÓN DE LOS ANGELONES EN EL DÍA DE LOS FIELES DIFUNTOS

De la iglesia de San Blas salía
un macabro desfile de las ánimas

En otros tiempos, en los que en esta ciudad se celebraban las festividades religiosas con más esplendor y solemnidad que ahora, para el Día de Finados, primero de noviembre de cada año, las iglesias enlutaban sus naves, con largas cortinas negras, y practicaban solemnes ritualidades litúrgicas.

Desde las cuatro de la tarde comenzaban las campanas de todos los templos y sus esquilas de difuntos, que venían repitiéndose de hora en hora, hasta otro día, al amanecer, en que los sacerdotes celebraban las tres misas en un solo acto.

De las siete de la noche hasta las diez, salía de la Catedral una lúgubre procesión, con la Cruz Alta y los Ciriales, por todas las calles de la ciudad, que en aquellos momentos se encontraba triste, fría y azotada por los fuertes aquilones de noviembre.

Un sacristán piadoso, con campanilla y una palanganita de plata, precedía la procesión e iba enseñando el Santo Rosario, y al mismo tiempo pedía una limosna para las Ánimas benditas del Purgatorio.

Al llegar la enlutada procesión a cada casa, entonaba un canto monótono y quejumbroso que decía: "Ángeles somos que del Cielo venimos, a pedir pan para el Sacristáááán…" y el dueño de la casa, tembloroso y lleno de miedo, alargaba su mano, por el postigo de la puerta, y daba su limosna; entonces los Angelones de la procesión entonaban este canto: "Estas puertas son de cedro y las almas en el Cieeeeelo…".

La procesión de Angelones seguía por las calles, rezando el Santo Rosario y cantando el Miserere Mei Deus, hasta llegar a la otra casa, en donde pedía limosna para las Ánimas del Purgatorio, entonando su monótono canto. Pero si desgraciadamente en aquella casa no abrían la puerta o postigo o no daban Pan para el Sacristán, entonces los Angelones, airados y con grandes voces, entonaban este canto: "Estas puertas son de hierro y las almas en el Infiernooooo...".

Y mientras la funeraria procesión recorría los tristes y silenciosos barrios de la ciudad, las campanas de los templos, plañideras y dolientes, llenaban el espacio con sus dobles de muerte; y el viento de noviembre, tétrico y funerario, gemía sobre los húmedos tejados de la conventual Valladolid.

A las diez de la noche, la procesión de los Angelones hacía su regreso al atrio de la Catedral, en donde entonaba los últimos cantos de difuntos y rezaban las últimas preces para el descanso de las benditas ánimas del purgatorio.

TRADICIÓN

Referían nuestros abuelos que después de la procesión de los Angelones, y como a eso de las doce de la noche, salía de la derruida y antigua Iglesia de San Blas, distante como un kilómetro al oriente de esta ciudad, una macabra procesión de ánimas, quienes semejaban muchachitas como de doce años, todas ellas vestidas de camisones largos y blancos, completamente peloncitas y con los pies desnudos y amarillentos, los cuales no tocaban el suelo, pues venían a una altura como de un pie de la superficie; todas ellas traían en las manos unas cadenas encendidas, que despedían llamas a semejanza de fuegos fatuos.

Su primera visita la hacían frente al Cementerio, en donde todos los sepulcros se abrían y salían los difuntos, quienes, hincados sobre sus nichos y fosas, rezaban el Miserere Mei Deus... en macabro consorcio con las Ánimas visitantes del otro Cementerio de San Blas.

Después se dirigían a la Iglesia de San Sebastián, en donde repetían sus fúnebres cantos y preces; y en seguida recorrían las calles de la ciudad, en visita de los templos, los que no dejaban, durante toda la noche, de tocar sus plañideras campanas.

Si algún curioso se atrevía a salir a la puerta o postigo de la casa, en el acto volaba una pelona, y se le plantaba al frente, poniéndole un hueso de muerto en la mano, el cual despedía luce fosforescentes que atolondraban al curioso, quien huía hacia el interior de la casa, medio loco y con fuerte frío nervioso.

La procesión de Ánimas continuaba ambulando, entre cánticos de tumba, dobles de funerarias campanas, mientras que el viento frío y arremolinado de aquella noche de noviembre, gemía sobre los tejados de las casas.

ENCANTADORA LAGUNA DE GETO, UNA ESPECIE DE PARAÍSO TERRENAL

Arboles misteriosos, sirenas de blondos cabellos luminosos

Existe, al Oriente de la ciudad, la hermosa montaña de Comayagua, y en las cimas de ella se encuentra, según creencia popular, la famosa laguna encantada llamada Laguna de Geto.

Esa laguna es una especie de Paraíso Terrenal, con la única diferencia de que allí no existe ningún Adán ni Eva, ni tentadora manzana… ni mucho menos serpientes.

En esa famosa Laguna de Geto hay gran variedad de árboles frutales, desde peras, manzanas, uvas, zapotes, nísperos, piñas, duraznos, bananos de toda clase y colores, etc., lo mismo que toda clase de flores, plantas raras, árboles misteriosos y traicioneros tales como el Árbol Carnívoro que con sus achas y sedosas hojas aprisiona los pajarillos que se le acercan.

En sus fuentes, en que corre el vino, la miel y las aguas perfumadas, nadan sirenas de blondos cabellos, mitad ángeles, mitad peces, quienes juegan con las lindas aves acuáticas de brillantes colores que pululan en las fuentes, lo mismo que con los pecesillos de oro y nácar que surcan las ondas en todas direcciones.

Se asegura que en esa Laguna encantada existe la eterna primavera de la vida, lo mismo que la lozanía y el verdor de sus palmerales y huertos, cuyos frutos están siempre en eterna madurez.

En sus huertos pueden los visitantes comer hasta la saciedad los frutos que deseen, con la especialidad de que esos frutos no causan llenura de estómago, para que así, el paladar pueda gozar de las mieles y exquisitos sabores de todos los frutos de los huertos.

Pero si los visitantes intentan sacar frutas, flores o pajarillos de la laguna, entonces se desatan fuertes rachas de viento que los azotan hasta hacerlos caer al suelo, en donde las frutas o flores robadas se transforman en grandes vampiros que les dan tremendos aletazos en los rostros, hasta hacerlos salir huyendo en vertiginosa carrera.

Dicen que esa laguna encantada es ideal para pasar una poética y dulce luna de miel.

También aseguran los muchachos valerosos del barrio que han ido a visitar la laguna, que mientras se permanece en ella no corren los días de vida, y que no hay dolores ni sufrimientos, los cuales se olvidan desde el momento que se entra en ella.

EL CABALLO SIN CABEZA

Espantos de Cuaresma

Los días Viernes de Cuaresma acostumbraban las señoras piadosas y de buena vida, asistir a la procesión de los pasos de Jesús Nazareno, en la que la dulce Imagen de Jesús era llevada en hombros, por la calle de El Calvario, entre cánticos de pasión, rezo de Viacrucis y perfume de flores de quilinchuche.

Las gentes devotas que no podían asistir a los pasos de la tarde o a los de la madrugada, que salían de la Iglesia de La Merced, iban al Viacrucis que se rezaba, por la noche, en la calle de El Calvario; y así santificaban aquellas buenas gentes los Viernes de Cuaresma, entre ayunos y abstinencias.

Pero como en la Viña del Señor siempre hay ovejas descarriadas, naturalmente que aquí las había; y en los barrios existían mujeres de vida mundana y licenciosa que tenían fama de corruptoras de menores y estudiantes, quienes no guardaban ni los preceptos de la Iglesia ni santificaban los Viernes de Cuaresma.

Una noche, y cuando menos lo esperaba una de aquellas desgraciadas, se le plantaba al frente de su puerta, que dichosamente para ella, ya había cerrado, el caballo sin cabeza, especie de monstruo que hacía su horrorosa irrupción por el arrabal de La Zapera, hoy Arrabal de la Reforma; y allí aquel espeluznante animal o espíritu maligno, daba infernales relinchos, arrojaba fuego, casqueaba la puerta de la infeliz ramera, hasta dejársela rajada y manchada de inmundicias fétidas, y, por último, arrojaba humo azufroso, con el que atolondraba a la pecadora, quien, llena de terror y espanto, convulsa de miedo y de frío, cantaba el Santo, Santo, Santo; Señor Dios de los Ejércitos… con lo que la bestia maligna, con su jinete, también acéfalo, huía, entre remolinos de viento y ruido de tormenta, por entre las arboledas de los huertos cercanos al Arrabal de la Zapera.

Otro día, aquella infeliz mujer corría al templo a confesar sus culpas, llena de arrepentimiento; comenzando nueva vida de honradez y religiosidad.

UN HOMBRE DESCREÍDO, RÉPROBO Y BLASFEMO

Sombras negras se lo llevaron

Cuentan los ancianos que existía en esta ciudad un hombre réprobo, descreído y blasfemo que no quería a nadie, y antes bien, aborrecía a todo el mundo; y que era un ratero empedernido, de iglesias y casas.

Aquel desgraciado hombre, un día Viernes de Cuaresma, dispuso robarle la única ropita de uso que tenía un pobre ciego limosnero, quien había ido a bañarse al Río Chiquito; y habiéndose disfrazado con la ropa del limosnero, se fue a hacer sus correrías nocturnas.

Al pasar por la Iglesia de San Juan de Dios, como a eso de las doce a la una de la noche, notó que la puerta principal de la iglesia estaba mal cerrada, y dispuso introducirse a ella, para robar algo de lo que se encontrara adentro del templo.

Pero como no habían en el Altar objetos valiosos, concibió el sacrílego, el plan de robarse el Copón, con las Hostias Consagradas; y como lo pensó, así lo hizo.

Rompió el Camarín Sagrado y extrajo el Copón con las Sagradas Formas, las que se comió, entre burlas y changonetas, embolsándose el vaso sagrado.

Así que había hecho su sacrílega fechoría, salió del templo y se encaminó por la calle del Cuartel, en donde el centinela lo requirió por tres veces, y al no contestar, porque en esos momentos le sobrevino una gran sordera, el centinela le hizo fuego, haciéndolo rodar por el suelo, renegando y dando alaridos de maldición y espanto.

Un Ángel reluciente se apareció en el acto y tomó el Vaso Sagrado, yéndose con él a depositarlo al Camarín de donde lo había tomado el sacrílego ratero.

Pero mientras esto sucedía, y al retirarse el Ángel, cayó sobre el cadáver del réprobo, una legión de sombras negras y coludas, quienes se lo llevaron por los aires, dejando tras de sí una estela fosforescente, hedionda a azufre.

Desde entonces, todos los años, el día y hora de la muerte del réprobo, salía de aquel campo en que había caído muerto, una sombra que pronuncia la palabra maldición.

El fantasma duró muchos años, hasta que el Prelado Diocesano, revestido de ornamentos pontificales, rezó unas preces litúrgicas y regó agua bendita en aquel campo de azoro y de fantasmas…

LA MALDICIÓN DEL ILUSTRÍSIMO SEÑOR OBISPO EMPAREDADO EN EL PALACIO DEL MISMO OBISPO

El año 1605 ocurrió en esta ciudad un acontecimiento sensacional, que llenó de consternación a sus pacíficos moradores, y cuyo relato es el siguiente:

El ilustrísimo señor Obispo de la Diócesis, Dr. don Francisco Gaspar de Andrade, tuvo una acalorada y furiosa disputa con el Gobernador de la Provincia, motivada por la ejecución de las Ordenanzas Reales de 1595, que prohibían el cultivo de la viña, morera, olivo, lino y la cría de ganado lanar, bajo pena de muerte y de confiscación.

El señor Obispo Gaspar de Andrade, quien abiertamente se oponía a la ejecución de tales ordenanzas, por ser contrarias al progreso agrícola de esta provincia, llegó a proferir frases tan duras e hirientes contra el señor Gobernador Real, que éste, exasperado y enfurecido, ordenó el arresto y detención del señor Obispo, en una de las piezas de su mismo Palacio Episcopal, hoy casa del General don Evaristo Enríquez; mandando tapiar, con adobes y lodo, las puertas de la pieza, convertida en prisión; y lo que es peor, prohibió, bajo pena de severas, la entrada de alimentos y agua para el Prelado recluido.

Las órdenes del férreo Gobernador fueron cumplidas; y el pobre señor Obispo comenzó a sufrir los horrores de su cautiverio, no probando pan ni agua, durante tres días consecutivos.

Pero enterados de este suplicio varios caballeros españoles residentes en esta ciudad, dispusieron introducirle agua y alimentos; y valiéndose de la oscuridad de la noche, por el lado de la calle, hacían que un hombre se subiera al techo de la pieza – prisión, desde donde le hacían bajar pan y manteles empapados en agua, cuyos alimentos devoraba el desgraciado Prelado.

Durante siete días y siete noches, estuvo el señor Andrade sufriendo los horrores de su cautiverio, hasta que la última noche fue extraído por sus amigos y algunos sacerdotes valerosos, quienes, valiéndose de escaleras y cuerdas, lo sacaron por el techo de la prisión, conduciéndolo en seguida hasta la Iglesia de San Sebastián, para que de allí hiciera su fuga.

El señor Obispo, a pesar de su mansedumbre y bondad, iba indignado no solamente contra el despiadado Gobernador español, sino que también con la ciudad que no tenía ninguna culpa en el desgraciado suceso, y volviendo el rostro hacia Valladolid y quitándose las sandalias, las que sacudió fuertemente, cual un Jeremías bíblico, exclamó: "De Comayagua no quiero llevar ni el polvo en mis sandalias. En sus valles y llanuras nacerán espinas y abrojos…".

Pasaron dos años sin que nada se supiera del señor Obispo, hasta que al fin, con gran sorpresa y contentamiento de los moradores de esta ciudad, hizo su entrada triunfal, entre arcos simbólicos y lluvias de flores, yendo directamente a la Catedral de entonces, que era la actual Iglesia de La Merced, a cantar un solemne Te Deum, en acción de gracias y en desagravio de la ciudad a la que, en momentos de ofuscación, había anatematizado injustamente.

Pocos años después murió en esta ciudad el Ilustre Prelado; y sus restos descansan en la Iglesia de La Merced, en donde existe todavía la lápida de piedra, con inscripciones algo borradas por la acción destructora de los siglos…

LA GRAN COLUMNA EN LA PLAZA DE LA MERCED DE LA CIUDAD DE COMAYAGUA

Cuentan las crónicas que el Rey de España, don Fernando VII, al tomar posesión del Reino que comprendía los inmensos dominios del Imperio Ibérico, en donde no se ponía el Sol, quiso perpetuar la memoria de tan fausto acontecimiento, mandando levantar, en tierras de América, un monumento en forma de Columna, tan elevado y sólido, que fuera capaz de resistir, al igual de la de Trajano en Roma y las Pirámides de Egipto, el embate de los siglos.

Y después de muchas deliberaciones en los Consejos del Monarca Español, se dispuso de esa gran columna conmemorativa se levantara en una de las plazas de la Nueva Villa de Valladolid.

El Rey don Fernando VII dio comisión al Capitán General de Guatemala, don José Bustamante y Guerra, para que él, como jefe más inmediato del Gobernador de esta Provincia, llevara a cabo la construcción de tan grandiosa y memorable obra, mandándole a poner a sus órdenes, sin ninguna tasa, los cuantiosos fondos atesorados en la Caja Real de esta Provincia, en cuyas arcas había grandes cantidades de plata acuñada y labrada, lo mismo que bastantes barras de oro y plata y buenos depósitos de azogue.

También se pusieron a la orden del Capitán General, señor Bustamante y Guerra, todos los esclavos y peonería disponible, lo mismo que los albañiles y constructores que hubiera en la Provincia.

Los trabajos se principiaron, bajo la inmediata inspección del Gobernador de la Provincia, quien, con bastante diligencia, compraba materiales, pagaba maestros y operarios y hacía cuantos gastos reclamaba la grandiosa obra; y de todo esto, naturalmente, daba las cuentas del Gran Capitán...

Así pasaron los días, las semanas, los meses y aún los años; pero al fin y al cabo se terminó la monumental obra, que es la mismísima columna que actualmente existe al frente de la Iglesia de La Merced de esta ciudad.

La columna tiene una base octagonal, como de tres metros de diámetro; con un cuerpo o fuste de forma cilíndrica, adelgazado en la parte superior; teniendo a los lados dos piedras lisas, en donde estaban grabadas las inscripciones conmemorativas, las cuales fueron borradas por el populacho al tenerse la primera noticia de independencia.

Su estilo es de orden jónico; y en sus remates superiores tenía adornos de hojas de acanto, cornisas circulares y una corona de marqués. Estos adornos no los tiene ahora la columna, por haber sido destruidos por la acción del tiempo y de las lluvias; pero hay el propósito de restaurárselos, para embellecerla como en sus primitivos tiempos.

Cuando el Rey don Fernando VII recibió las cuentas del Gran Capitán… y se enteró de que los gastos de la famosa columna ascendían a casi un millón de doblones, espantado se fue a su alcoba y trajo un gran catalejo, con el cual se puso a mirar hacia tierras de América, exclamando estas palabras:

"Esa Columna Conmemorativa cuesta una fortuna: seguramente debe verse desde este balcón".

Antes de la independencia, las autoridades coloniales habían mandado a colocar, a inmediaciones de la Columna de La Merced, la famosa y célebre Picota, en la que eran ahorcados los grandes criminales y los esclavos que se fugaban o intentaban fugarse, pero el glorioso día en que el pueblo de Comayagua recibió los pliegos en los que se le comunicaba a la fausta noticia de independencia patria, como un oleaje de mar embravecido, arrastró las inscripciones y corona de la columna y convirtió en mis astillas la célebre Picota, último símbolo del despotismo ibérico de aquellos tenebrosos y lúgubres tiempos coloniales.

LAS TINIEBLAS EN LA CATEDRAL: ATERRADORAS CEREMONIAS LITÚRGICAS

En aquellos esplendorosos tiempos de Comayagua, en que las festividades religiosas se celebraban con gran pompa y solemnidad, los señores Obispos, rodeados del Capítulo de Canónigos, Clero y Seminaristas, concurrían a la Santa Iglesia Catedral, durante los días Miércoles, y Jueves Santos, a celebrar las litúrgicas ceremonias de Las Tiniebla, yendo revestidos con sus ornamentos pontificales, capitulares y sacerdotales, respectivamente.

Asimismo concurrían a las ceremonias muchas personas, tanto de esta ciudad como de otras partes que venían a las festividades de Semana Santa.

Como a eso de las cinco de la tarde, llegaba el alto Clero y Colegio Seminario, precedidos por el señor Obispo, a la Catedral, dirigiéndose al Coro del Clero, en donde tomaban asientos, colocándose el señor Obispo en un sillón, bajo el Sitial; los Reverendos Canónigos y Vicario Capitular, en sus sillones laterales; los Sacerdotes, Seminaristas y Acólitos, en los demás asientos del Coro.

Una vez que estaban colocados en el respectivo orden que prescribe el Ceremonial Litúrgico, abría las ceremonias el señor Obispo, entonando una Antífona, a canto llano o gregoriano, caracterizado por la notación neumática, la tonalidad diatónica pura y el ritmo fundado en la acentuación y división de la frase.

Todo el Coro Eclesiástico contestaba la Antífona, en el mismo canto gregoriano, triste y quejumbroso.

La Iglesia Catedral, con su formidable resonancia, repercutía aquel solemne canto de pasión que representaba, nada menos, que las Lamentaciones del Profeta Jeremías contra Jerusalén. Bajo las enormes bóvedas de la Catedral, entre las sombras de la tarde agonizante de aquellos días santos de pasión y con aquellos formidables cantos monótonos del Clero enlutado y encapuchado, el espíritu de los concurrentes se sobrecogería de espanto y de terror.

Frente al altar del mártir San Bartolomé, estaba colocado el Gran Candelabro, el cual consistía en una gran peana o base, de la que se elevaba una columna octagonal, como de cuatro metros de altura y en su remate estaba colocado un gran triángulo de madera, como de metro y medio; por lado; teniendo seis porta candelas a cada lado, y uno en el vértice de la parte superior.

Todo este aparato fue tallado y esculpido por el maestro carpintero, ex presidente don Coronado Chávez.

Las doce grandes candelas de cera blanca, representaban a los doce Apóstoles, y la del vértice o medio, Jesús Nazareno, estando ellas encendidas.

Los Altares de la Catedral estaban rigurosamente enlutados y cubiertos de grandes lienzos negros, en señal de que los Discípulos del Maestro lo habían abandonado, en aquellos día de amargura y de dolor, no quedando más que una candela encendida, en lo alto del Candelabro.

El Clero, en aquellos momentos, entonaba, a grandes voces, un canto acompasado, de agonía y de Profundis, cuyas voces iban, lentamente, apagándose, a medida que iba escondiéndose la última luz que había quedado en la cima del Candelabro, hasta desaparecer completamente y quedar, así, el Templo en verdaderas tinieblas... y en aquel momento de ansiedad y de terror, comenzaba el estruendo de Las Tinieblas, en que retumbaban las naves de la Catedral, con el enorme ruido ensordecedor que producían los Sacerdotes al chocar todas las tablas movedizas de los asientos del Coro; y aquel enorme ruido, agrandado con la resonancia del Templo, semejaba el estruendo de un terremoto o de un cerro que se desploma...

Los espíritus pusilánimes de los concurrentes quedaban acobardados y hubo personas que salieron de aquellas espantosas ceremonias, medio trastornadas, dando grandes alaridos de terror. Al fin volvía a aparecer la radiante luz, sobre la coma del Gran Candelabro, significando con esto que Jesús, Luz del Mundo, alumbrará hasta la consumación de los siglos, a pesar de las tinieblas del Demonio y de la maldad de los hombres...

Las ceremonias terminaban en seguida, yéndose el señor Obispo, acompañado de su Clero y Seminario, todos caminando en orden de formación, con pasos acompasados y lentos...

DRAMA POPULAR "LOS DIABLITOS": FIESTAS DE SAN SEBASTIÁN. MOROS Y CRISTIANOS

Sabido es que el Cristianismo fue horrorosamente perseguido por los emperadores paganos del Bajo Imperio Romano; habiendo llegado las persecuciones y martirios de cristianos, a su período álgido, durante el reinado de Diocleciano (284 a 305 D. de J.C.) por lo que los cristianos llamaron a aquel nefasto tiempo, Era de los Mártires.

Diocleciano abandonó el Imperio de Occidente a Constancio Cloro y a Galerio, organizando así una Tetrarquía; y para satisfacer los deseos sanguinarios de Galerio, intensificó la persecución de cristianos.

El Emperador Diocleciano tuvo como Capitán de sus Guardias Pretorianas, al gallardo y valeroso Sebastián; y un día éste, atraído por las predicaciones de un cristiano, entró en explicaciones con él, quien le enseñó los misterios y bellezas del Cristianismo.

Un día, un espía del Emperador sorprendió al Capitán Sebastián a la salida de las Catacumbas, que era el lugar de oración de los fieles cristianos, y fue a delatarlo ante el Emperador, quien lo destituyó de su puesto de Capitán de Guardias Pretorianas, mandándolo saetar amarrado a un madero, en donde expiró (288 D. de J.C.).

Pues bien, la leyenda se formó de aquel drama, la representación popular conocida con el nombre de Los Diablitos de San Sebastián.

Estos se representan o bailan, como dicen las gentes del barrio, en el atrio de la iglesia de San Sebastián, que queda al lado Sur de esta ciudad.

Dicen las tradiciones que cuando la mula que traía la caja con el santo divisó la colina, partió en carrera abierta hacia ella, y al llegar a la cima, se echó con todo y su carga, por cuyo motivo, las autoridades eclesiásticas dispusieron edificarle al Santo Capitán, su iglesia sobre la colina en que se encuentra.

No quiero pasar en silencio el fenómeno curioso, cierto, auténtico, de que existe por allí cerca una fuente que permanece seca todo el año, pero que en los días de la función de San Sebastián, se llena de agua fresca y abundante, volviéndose a secar al poco tiempo de pasar la función. ¿Será eso coincidencia o milagro? No se sabe.

Los personajes del drama de Los Diablitos, son los siguientes:

Moros

Emperador Diocleciano, Capitán Galerio, Próstimo, Magencio, Trajano y Carión.

Cristianos

San Sebastián, Capitán Constancio Cloro, Escipión, Severo, Colatino y Próculo. (Paganos, Pretorianos, Máscaros y Tambores).

Los moros van vestidos con trajes de pretorianos, y los Cristianos con trajes blanco y negro.

Los paganos, Pretorianos y Máscaros Diablitos van disfrazados con camisas y pantalones de color, cortos, con medias y sandalias, llevando sobre la cabeza, morriones y turbantes.

Moros y Cristianos, se colocan en dos hileras, frente a frente, armados, los primeros, con espadas, y los segundos, con estoques largos. Los diablitos lleva azotes y chinchines o cascabeles que hacen sonar al ejecutar sus evoluciones y bailes.

Por no hacer largos estos relatos, me limitaré a trascribir algunas de las relaciones principales del drama.

Capitán Galerio (frente al Emperador): Esta raza de cristianos que se extiende en el imperio, con despecho de Galerio y mengua de Diocleciano, hace burla de los dioses; y con embustes odiosos, un judío patibulario que se murió por transgresor, dicen que es el Salvador de todo el género humano.

Ya verán que esta mi mano lavará con sangre impía, la malvada picardía, con que engañan y pervierten.

¡Consejeros del Imperio: ayudadme a esta empresa, para que Augusto merezca el nombre de Emperador!

Diocleciano: En este augusto lugar del Imperio, Sacro Asiento, para eterno Monumento del Poder y Majestad, haré que mi voluntad sea de todos acatada, en el mundo reparada, por la Tierra y por el Mar.

Mi poder ha de forzar la pertinacia insolente, de que esta atrevida gente que se pretende burlar de los Dioses inmortales.

Abrid, pues, los Tribunales, sabios, Prefectos Romanos, y obligad a los cristianos a que adoren Sacros Dioses o que en suplicios atroces, expiren por inhumanos.

Capitán Galerio (al Emperador): Soberano Emperador: los Dios del Sacro Imperio no sufren el vituperio que les hacen los cristianos, con sus ritos inhumanos de su falaz religión; ha llegado la ocasión de castigar esa gente, y con mano prepotente reprimir su villanía;

¡Destruid esa raza impía y aplacad a nuestros Dioses…!

Emperador Diocleciano: Calla, no digas más; recuerdo que un Capitán de mi Guardia Pretoriana que se llama Sebastián, ha abrazado el Cristianismo; y deseo que ahora mismo reniegue su religión, y se rinda a la razón, en el Solio Soberano; y con poderosa mano quiero hoy mismo decretar y mandar ejecutar la muerte de Sebastián.

Capitán Sebastián (ante los cristianos):
Constancio y amigos hermanos:
Diocleciano quiere verme y supongo quiere hacerme que reniegue al Redentor, al Glorioso Salvador y a la fe que le he jurado; pues estoy ya preparado, para morir con valor; pues no le temo al dolor que me dice hacer sufrir.

Ayudadme hoy a pedir a la sabia Providencia que me ampare este día para enfrentar la porfía del Augusto Emperador.

Capitán Sebastián (en presencia del Emperador): Soberano Emperador: a tus órdenes atento, me presento, Gran Señor; y por el grande favor con que me habéis distinguido, respetuoso he concurrido, de Galerio a su llamado.

Emperador Diocleciano: En Roma corre el rumor que despreciando mi ley, habéis elegido Rey; que despreciando los Dioses, protectores del Imperio, tenéis otra religión.

A que estas razones son el motivo que os llamo; Sebastián: está en mi mano ensalzarte o confundirte.

Quiero, pues, ahora exigirte que dejéis tu religión, confiesa que no hay razón, para adorar otros Dioses.

Sebastián: Oye, Augusto Emperador: si yo adoro al Redentor, en nada tu ley desprecio, ni como hombre injusto y necio desacato la Nación, hago uso de mi conciencia, y con toda la prudencia que enseña mi religión, no desprecio la ocasión de cumplir, como soldado, y la fe que os he jurado, mi obligación y mi deber.

El Emperador Diocleciano: Nada de eso estimo yo, si sois, imbécil, cristiano; y mira que está en mi mano el subirte a grande altura o morir con amargura, en suplicios inhumanos.

Capitán Sebastián: ¡Me exigís un imposible, poderoso Emperador...!

El Emperador Diocleciano: Calla, mísero cristiano; ¿eso decís, infeliz, ante el Poder Soberano de mi Augusta Majestad? Castigaré tu maldad... Venid, soldados paganos, quitadle de mi presencia, castigadle su insolencia con suplicios inhumanos.

Atadle los pies y manos, asegurad bien su persona, quiero ver la corona que le prepara su rey; despreciador de la ley, soldado falso y aleve, que te defienda la plebe, infeliz y miserable...

Después de otras tantas relaciones, tanto de Moros como de Cristianos, muere el Capitán Sebastián, traspasado de flechas, amarrado a un madero; desarrollándose en seguida la encarnizada pelea.

A medio combate, el Emperador siente atroces remordimientos por la muerte de su valeroso y gallardo Capitán; y personalmente se interpone entre las filas combatientes, haciendo estas exclamaciones:

"Dejad la ruda pelea, no corra ya tanta sangre, pues todos sois mis vasallos.

Ya la Cruz con sus rayos el alma me ha penetrado y me tiene traspasado de su verdadera luz; ya el Imperio de la Cruz me exige con blanda paz y perpetua caridad, me humille a la voluntad de la razón al compás.

¡Oh Constancia valeroso: mi corazón siento arder y detesto ya el Poder que antes me hizo caprichoso, cristiano pretendo ser: y que ese Santo Capitán, ese Santo Sebastián, me proteja con su luz, para llegar hasta la Cruz en que murió el Redentor…".

El emperador Diocleciano, tomando en la diestra el estandarte de los cristianos, se pasa al campo de éstos; y después del combate, en que chocan las armas cristianas y moras, quedan los cristianos dueños del campo, en el que enarbolan el estandarte inmortal del Cristianismo…

LIBRO III: FOLKLORE HONDUREÑO. TRADICIONES, LEYENDAS, RELATOS Y CUENTOS POPULARES DE LA CIUDAD DE COMAYAGUA

NOTA EXPLICATIVA

LA PRESENTE obra titulada Tradiciones de Comayagua, al entrar en su segunda edición, la cual, su autor, el Lic. Don Fernando P. Cevallos, ha rectificado, corregido y aumentado, constituye en síntesis un aporte valioso y de interés nacional, ya que la historia tiene como formas elementales del cuento y la leyenda, que no son más que caminos abiertos a la investigación científica y los dos principales factores en aparecer primero que eficazmente contribuyen a despejar la verdad de los acontecimientos en la existencia evolutiva de los pueblos.

Las tradiciones son parte de nuestra Historia Nacional, desde luego que no todo relato folklórico debe llevarse al plano cierto de los tiempos y de los hechos; pero sí podemos aceptar como conclusión: que nos enseñan las creencias y costumbres del legendario pueblo conventual; su arraigada y desenfrenada psicología para juzgar ciertos aspectos humanos; su inquebrantable fe en la Iglesia Católica; como también la manera de concebir la vida y el castigo del pecado conforme las características del medio, y algo más importante: cuéntanos con lenguaje elocuente y sencillo por lo menos en sus formas elementales, pasajes de acontecimientos memorables de la vida social de Comayagua, la ilustre ciudad colonial; su ambiente austero preñado de supersticiones y tiempos en los que la fe religiosa era un monumento y el honor una roca indestructible.

El Lic. Don Fernando P. Cevallos es un elemento estudioso y capacitado tanto en su profesión como en las sagradas interpretaciones del pentagrama sonoro, dado su temperamento artístico y sensibilidad delicada.

Al consignar esta ligera nota explicativa, aprovechamos esta ocasión para felicitar sinceramente al Lic. Cevallos por su esfuerzo en pro del adelanto nacional, y esperamos que los lectores lo reciban con los brazos abiertos como debe hacerse en realidad con toda obra, que, como la presente, contribuye a la difusión de la cultura de los pueblos.

Francisco Lagos H. Comayagua, D. D., febrero 7 de 1947.

ALGUNAS PALABRAS

AL ESCRIBIR la primera parte de mis Folklores Hondureños no creí que hubieran despertado tanto interés en el público lector; pero por las varias solicitudes que se me han hecho, de ejemplares de mi primer folleto, he creído conveniente publicar esta segunda edición, aumentada con varias leyendas y tradiciones más, de esta ciudad; y es por tales motivos que doy a la publicidad esta segunda edición; con lo cual, creo que satisfago los deseos de las personas amantes de las lecturas de tradiciones y leyendas, las que, además, se salvan del inevitable olvido al que estarían condenadas, si no fuera por tales publicaciones, las que, por lo demás, no tienen ningún otro interés.

También aprovecho esta ocasión, para hacerle presente mis agradecimientos a mi ilustre amigo el Doctor don Plutarco Muñoz P., actual Presidente del Congreso Nacional, quién, con la generosidad que le caracteriza, tomó especial interés, a pesar de sus grandes ocupaciones y labores parlamentarias, para hacer que se imprimiera esta obrita, sin costo alguno de mi parte.

Fernando P. Cevallos

Comayagua, D. D., febrero de 1947.

ÉPOCA COLONIAL

La Ciudad de Comayagua

Cultura durante los siglos XVII y XVIII
Villa de Valladolid

Bien sabido es que el adelantado Francisco de Montejo, mandó al Capitán don Alonso de Cáceres a fundar esta ciudad con el nombre de Santa María de Comayagua, en el año de 1537; pero con motivo de la fundación de la Audiencia de los Confines se le cambió el nombre, llamándola "Villa de Valladolid", por Real Cédula de 13 de septiembre de 1543; habiéndosele dado el título de ciudad, el 20 de septiembre de 1557.

Cultura Colonial, Obras Arquitectónicas

Después de la fundación de Santa María de Comayagua, ingresaron, procedentes de la Madre Patria, muchos miembros de las distintas Órdenes religiosas peninsulares, acompañados de competentes maestros arquitectos, quienes vinieron provistos de sus herramientas y materiales para la construcción y embellecimiento de los templos, mansiones de familias nobles y ricas, y demás monumentos que aún existen, como testigos mudos de las grandezas pretéritas de esta nueva Valladolid.

El estilo arquitectónico colonial usado en aquellos tiempos y por aquellos maestros, fue el religioso que se empleaba en templos y conventos y el civil, empleado en los edificios públicos y mansiones señoriales.

Como en aquella época, el Arte Renacentista ejerció gran influencia en la arquitectura peninsular, esa misma influencia se advierte en nuestras catedrales y demás templos; ero en opinión de los arquitectos modernos, todas esas obras del período colonial, aún con todo su esplendor y hermosura, carecen de verdadera pureza en sus estilos y líneas, existiendo en ellas verdadera confusión y amalgama que les da un cierto carácter muy particular e inconfundible; pues en cualquier rincón de la América Hispana que se contemplen sus catedrales, templos y ermitas, traen el recuerdo de los templos nacionales y hacen la ficción, al viajero, de estar contemplando una obra del terruño patrio que le grita al corazón.

Pero de cualquier manera que se juzgue la arquitectura colonial, en ella predomina el estilo Renacentista, con algo de Gótico, de Plateresco y de Barroco.

Lo mismo puede decirse de nuestras ciudades y pueblos, con sus casas grandes y adobe y tejas, típicamente coloniales; con sus aleros, portales, festones blasonados, balcones, puerta – esquinas, ventanas con barandas de hierro o madera torneada y zaguanes con grandes portones, tachonados con clavos de rosetones; todo lo cual da la impresión al viajero, de encontrarse en un rincón de tierra española.

Arte Pictórico

En casi todos nuestros templos existen cuadro y estatuas de santos, verdaderamente artísticos y de gran mérito, siendo todos ellos de factura peninsular, atribuidos a maestros españoles que florecieron en los siglos XVII y XVIII, entre los cuales se encuentran ejemplares auténticos de Murillo y Zurbarán.

En la Catedral de esta ciudad existen los famosos cuadros El Árbol Genealógico De La Estirpe De David, El Del Salvador Del Mundo, reputado como una obra maestra; El Martirio de San Bartolomé, cuya vista causa pavor a quienes lo contemplan, siendo su poder emotivo y sugestivo que una honorable dama de la capital, al fijar su vista en él, dio un grito de terror y huyó de su presencia, corriendo aterrorizada por las naves de la Catedral. Este cuadro es reputado como un Murillo auténtico.

También existen en nuestros templos, cuadros de buenos maestros españoles, tales como "La Sagrada Familia", "El Desposario", "La Presentación del Niño en el Templo", "El Descendimiento", y muchos más, en los que la composición, la técnica y el colorido, demuestran que proceden de los grandes pinceles peninsulares que estuvieron al servicio de los monarcas españoles.

Es digna de especial mención la "Galería de Cuadros" o grandes retratos al óleo que se encuentran en la Sacristía de la Catedral de esta ciudad, entre los cuales existen los siguientes: el del Obispo Licenciado don Cristóbal de Pedraza, personaje este que fue mandado por el Rey de España, para que arreglara las diferencias y querellas entre don Pedro de Alvarado y el Adelantado don Francisco de Montejo, habiendo condenado a Montejo a pagarle a Alvarado 28,000 ducados, los cuales le perdonó generosamente Alvarado, quedando buenos amigos, como reza la inscripción que se encuentra a pie del retrato.

De este ilustre Obispo, de quien tanto se ha ocupado la historia colonial centroamericana, se cuenta que mandó poner preso en las bartolinas de la torre de la Catedral a un sacerdote, con un freno de plata en la boca, porque reveló, incautamente, los secretos de la confesión de una honorable y linajuda dama española.

También se refiere de él que tenía en su palacio, en una de las piezas interiores, el instrumento de tortura llamado CEPO, en el que castigaba la más leve falta de su servidumbre, según se refiere el Adelantado don Francisco de Montejo, en carta dirigida al Rey de España.

Sin embargo, es justo mencionar que este ilustre Obispo gozó del título de Protector de los indios.

En la mencionada Galería de Retratos, figuran también los grandes retratos al óleo de los señores Obispos Francisco de Paula Campoy y Pérez, natural de las Islas Canarias; del señor Fernando Guadalupe López Portillo, Franciscano de Guadalajara, Méjico, quien mandó edificar las iglesias de La Caridad, de esta ciudad y la de San Francisco de Tegucigalpa.

El del Obispo señor Jerónimo de Corella, natural de Valencia, España, quien pasó a esta Diócesis en 1554, trayendo dos frailes, doce sirvientes, dos pintores, dos Maestros de Capilla y 800 ducados, para gastos de su Catedral; trayendo, además, bastantes cálices, cruces, ornamentos, etc., siendo éste el Prelado que trasladó la Silla Episcopal de Trujillo a esta Nueva Valladolid en 1562.

El del Obispo Fray Gaspar de Andrade, religioso de San Francisco, natural de Toledo, España, quien fue un insigne predicador: habiéndole dado el Rey de España 400 ducados, para el viaje, 50 cuadros, 50 misales, etc., y siendo él, el fundador de la Cátedra de Gramática en esta ciudad, el año de 1602, con la renta real de doscientos ducados.

Este Obispo fue el emparedado por el Gobernador de la Provincia, Juan Guerra y Ayala, y el que presenció el sobre natural fenómeno del descenso de la nube sobre la Cruz de San Francisco, de que hablaré en seguida.

Su muerte ocurrió en 1612 y está sepultado en la Iglesia de La Merced, que era entonces la primer Catedral de esta ciudad, encontrándose su lápida en el centro de la Iglesia, con las inscripciones y letreros algo borrados por la acción destructora de los tiempos.

El de Fray Luis de Cañizales, hijo ilustre de Madrid, capital de España, quien fue consultor del Santo Oficio de Valladolid, Visitador de Andalucía, Obispo de Filipinas, y quien pasó a esta Diócesis de Comayagua, en donde celebró dos Sínodos Diocesanos, cuyas copias tuve ocasión de ver, por el cariño y distinción que me prodigó el señor Obispo Dr. Vélez, cuando yo era el organista de esta Catedral, quien las conservaba en su poder y quien me las mostró.

Dicho prelado recibió del Rey don Felipe IV, para ser colocado en esta Catedral, el Retablo Mayor, lo mismo que el Señor de Salamé; varias imágenes de bulto y reloj público que actualmente existe prestando sus buenos servicios a esta ciudad, el cual reloj estuvo antes en una de las torres de La Alhambra de Granada, España.

Realmente, es sensible tener que lamentar todavía, la pérdida de los demás retratos de los Obispos y Gobernadores de Provincia y de los Archivos destruidos por el incendio de la ciudad, causado por las hordas invasoras del tristemente célebre Justo Milla, cuando le puso sitio y entró en ella a saco, por los cuatro costados, el fatídico año de 1827.

Arte Escultórico

Durante los siglos XVII y XVIII florecieron las artes escultóricas, tanto en la Madre Patria, como en las colonias, especialmente en la talla de madera, en la que fueron grandes maestros los escultores españoles.

Muchos de aquellos maestros vinieron a estas regiones, porque fueron enviados, unos por agrado y otros por fuerza, por los reyes españoles, para que ejecutaran o dirigieran los trabajos de escultura y talla en las Catedrales, Iglesias y Capillas, lo mismo que en las mansiones señoriales de las familias nobles y ricas.

Nuestros templos son ricos en trabajos de talla, tales como altares, retablos, artesonados, sillerías de coro, molduras, arcones, sillones, escaños, sitiales, púlpitos, atriles, candelabros, confesionarios, mamparas y puertas; siendo de admirar que a pesar de los siglos transcurridos, casi todas esas obras ostentan sus dorados, pinturas y demás adornos, como si fueran de reciente ejecución.

Por lo general, casi todas las columnas que sostienen sus cornisas y alto relieves en los altares mayores y laterales son de estilo corintio; con fustes artísticamente retorcidos, semejando columnas de metal maleable.

Existen tres tipos de escultura colonial, siendo el primero, de las imágenes llamadas de cuerpo entero que son completamente esculpidas en madera, con sus vestiduras y adornos hechos en la misma madera de la imagen.

El segundo tipo de escultura es el de las imágenes en telas engomadas y pintadas, las cuales se encuentran colocadas en marcos, más o menos, adornados con calados y molduras.

El tercer tipo de escultura colonial es el de las imágenes de bulto, las que también son conocidas con el nombre de imágenes de candelero, en las que solamente la cabeza, las manos y los pies son esculpidos.

Las vestiduras de estas últimas imágenes son generalmente de ricas telas con bordados de oro y plata, adornadas de perlas y piedras preciosas o falsas, de bella apariencia.

También subieron su auge, en aquella época colonial, los maestros bordadores de las vestimentas sacerdotales, y trabajaban con una especialidad de su arte, las galonadas casullas, capa – magras, dalmáticas, estolas, mitras y sobrepellices.

Entre las artes escultóricas, podemos contar en nuestros templos con obras de verdadero y refinado arte español, tales como los cuadros de que he hecho mención en el capítulo anterior; el San Pedro Arrepentido; el San Pedro de las Llaves; el Señor del Triunfo; el Cristo del Descendimiento; la Virgen de la Soledad; el Resucitado; los Nazarenos de San Francisco, La Merced y La Caridad; el Señor de Salamé; San Sebastián; la Virgen del Carmelo de la Iglesia de El Carmen, y muchas más que sería cansado enumerar; todas estas fueron mandadas de España, por los Reyes Felipe III y Felipe IV.

Con respeto a la imagen del Nazareno de San Francisco, hay en esta ciudad una creencia, muy generalizada, de que los Padres Capuchinos se sustrajeron la verdadera imagen, existente desde tiempos antiguos y se la llevaron para España, en donde asegura que se encuentra en uno de los altares de Barcelona, causando en aquella ciudad condal, gran admiración por su perfección, acabado y belleza; y que la que actualmente se encuentra en la Iglesia de San Francisco, de esta ciudad, no es la auténtica, sino la suplantada y traída posteriormente, por dichos Padre Capuchinos.

Sobre este punto no deseo hacer ninguna afirmación ni negativa; pero en mi opinión, no ha habido tal suplantación, porque la actual imagen tiene señales inequívocas que la identifican con la primitiva, especialmente en el interior del cuerpo; y además, le oí asegurar al señor canónigo don Luis Ortega y Licona, de grata memoria, que no era cierta la tan traída y llevada suplantación del Nazareno, porque él había examinado escrupulosamente la imagen, y por las señales de antigüedad que tenía en el cuerpo, estaba convencido de que no había tal suplantación.

Orfebrería Colonial

Son dignos de gran admiración los trabajos de oro, plata y bronce, ejecutados por los artífices peninsulares; siendo casi todos nuestros templos, muy ricos en valiosas joyas de arte, en metales; pues como no habían mármoles disponibles en estas provincias, hubo necesidad de labrar el oro y plata que abundaban en aquella época.

El arte del repujado y del cincelado se perfeccionó entonces, ejecutándose siempre a mano, con el auxilio del mazo y del cincel.

En nuestros templos existen verdaderos tesoros, tanto por su valor artístico, como por su alto valor pecuniario; y entra tales obras, descuellan por su acabado y perfección, las custodias de oro y plata dorada, con adornos e incrustaciones de piedras preciosas; los cálices cincelados en alto relieve, con figuras de ángeles, las vinajeras, vajillas, incensarios, ciriales, cruces altas, guiones, tabernáculos, frontales, cetros, coronas y resplandores.

Música Colonial

Es una verdadera lástima que nuestros gobiernos no hayan dedicado su atención, para desenterrar el olvido, como lo están haciendo otras naciones del Continente, nuestra Música Colonial de la cual hay muy pocas referencias, para poder así, enriquecer, con esta rama de las Bellas Artes, la ciencia folklórica patria, y poderlas exhibir en los centros musicales de Latino América, Estados Unidos y Europa, que tanta admiración prodigan a las artes prehistóricas o del período colonial de la América Hispana

Puedo asegurar que un Canto Maya, un Son Catchikel, o un Himno a Copantl, despertarían en el exterior una asombrosa admiración que haría tronar la radio, para difundir por todos los ámbitos del mundo, las notas autóctonas de las generaciones indias o indo – españolas.

En aquella época colonial, en la que no existían los teatros, salas de concierto, orquestas sinfónicas ni bandas, no era posible que se desarrollara el Arte Musical profano; y como entonces la Iglesia Católica estaba en gran auge y esplendor, se desarrolló el Arte Musical Religioso; y tanto los cantos corales, los litúrgicos y gregorianos, como los himnos sagrados, villancicos, antífonas, salmos, avemarías, tercias corales y maitines, eran reputados como buenas obras del arte musical religioso.

Entre los famosos Maestros de Capilla de aquella época, pueden citarse los dos religiosos que trajo de España el señor Obispo Fray Jerónimo de Corella, siendo uno, el Maestro Pedro de los Ríos, organista que ejecutaba el órgano que se encontraba en el Coro lateral de la nave de Salamé, el cual órgano tenía la rara especialidad de tener dos fuelles separados del instrumento, y el fuellero se colocaba entre los dos fuelles, los que llenaba alternativamente con el subir y bajar de las palancas adheridas a los mismos fuelles; y el otro maestro de apellido Aranda, era el Cantor de Coro y Maestro de Canto del Seminario o Colegio Tridentino, quien enseñaba a los seminaristas, los cantos gregorianos y demás cantos litúrgicos, así como canciones piadosas, salves, villancicos, motetes, etc.

Cuando en 1678, llegó a esta Diócesis el Ilustre Obispo Fray Alonso de Vargas y Abarca, fundó, según afirma el historiador Juarros, el Colegio Seminario, estableciendo la Cátedra de Moral, la que fue subvencionada por el Rey de España; y cincuenta años más tarde, por Real Cédula de 7 de noviembre de 1738, expedida por gestiones del Obispo Fray Antonio López de Guadalupe, se creó la Cátedra de Filosofía en dicho Seminario, siendo el Presbítero don José Simón de Zelaya, el Catedrático con la renta anual de doscientos ducados, y el mismo señor de Guadalupe, que era muy entusiasta por la buena música, introdujo la clase de canto gregoriano y demás cantos litúrgicos y religiosos, confiando la dirección musical al Maestro de Capilla de la Catedral, quien formó un Orfeón de Cantores, con catorce discípulos más aventajados de la clase.

El señor Guadalupe que había hecho largos viajes a Italia, tuvo oportunidad de enterarse del movimiento desenvolvente de la música operática y religiosa, encabezado por los amantes de Arte Musical, Conde de Bardi, Peri y Caccini, y en la Catedral de San Pedro, tuvo oportunidad de oír aquella música clásica y sagrada, de carácter polifónico, basada estrictamente en las leyes del contrapunto y combinación de melodías, consistente en cánones, fugas, etc., que tanto se prestaba para usos eclesiásticos y litúrgicos, y es por tales motivos que dicho Prelado, al ocupar la Silla Episcopal de Comayagua, trató de que la enseñanza de la música religiosa gregoriana y litúrgica de su Seminario, fuera lo mejor posible, en aquella época.

Posteriormente sirvieron la Capilla de Catedral o sea el Coro de Cantores, lo mismo que la clase de música y canto del Seminario, los maestros cantores Fray Alonso de Burgos, don Francisco Bulnes, don Eusebio de Castro y otros más, aventajados organistas, violinistas y compositores.

Entre los cánticos religiosos se conservan el del Perdón y Ave María, enseñado y cantado por un coro de niñas, bajo la dirección del misionero señor Subirana, cuando en 1860, vino en Misión Sacerdotal, a esta ciudad.

También hay referencias de que el Maestro don Francisco Bulnes hizo ejecutar en el Coro de la Catedral, la gran orquesta y órgano el Stabat Mater Dolorosa, de Rossini, lo mismo que la famosa Misa de Gloria, estractada de la ópera El Tancredo, en la que ejecutó con gran maestría el violoncelo, el Dr. don Francisco Cruz, que tan aventajado fue en Derecho, en Medicina, en Política y en Música.

Los solemnes cánticos de El Trisagio Santo, fueron traídos y enseñados por Fray Guadalupe de Valenzuela, Franciscano oriundo de Guatemala y compañero de Monasterio de Fray Juan de Jesús Zepeda y Zepeda. También han enriquecido el arte musical gregoriano litúrgico y religioso, los Maestros de Capilla de los últimos tiempos, tales como el Maestro Remigio Maradiaga, El Maestro Albino González y los competentes músicos don Laureano Perdomo, don Antonio Bones, don Eliseo Maradiaga y don Aurelio Zelaya.

Los Canónigos don José Inés Licona, compositor de varias preciosas Aves Marías y Villancicos a la Virgen, y don Luis Ortega y Licona, que dirigió el hermoso canto La Antífona de la Tercia, traído por el señor Vélez, serán siempre recordados por los amantes de la buena música religiosa.

Respecto a música profana, las serenatas fueron de gran moda en aquellos tiempos coloniales; y los trovadores enamorados, lo mismo que los cantores, entonaban sus endechas y cántigas al pie de los balcones, al compás de sonoras guitarras.

En los bailes de la aristocracia colonial y en los de las familias ricas se ejecutaban "El Minué de la Reina", "El de la Condesa", "El Bolero", "El Rigodón", "Las Cuadrillas de la Gran Condesa", "Los Lanceros" y también se bailaban algunas danzas y sones, con acompañamiento de castañuelas.

Felices tiempos los de nuestros abuelos, cuyos corazones ingenuos se mantenían en plena floración de alegrías y optimismos.

Y para concluir, diré con el Dr. Finot: "Que por el arte conocemos y veneramos las civilizaciones milenarias desaparecidas; por el arte, hemos aprendido a admirar a Grecia y Roma; y por el arte, suprema expresión de la vida del espíritu, nos es dado tributar a España, que es madre y maestra de naciones, el homenaje a que es acreedora por su portentosa obra de civilización".

ALGUNAS REFERENCIAS

Sabido es, tanto por los vestigios encontrados, como por las referencias y tradiciones de nuestros antepasados, lo mismo que por documentos encontrados en los archivos eclesiásticos y municipales, que allá por los años de 1530 a 1539, existían en este valle, algunos pueblos y caseríos de indígenas, tales como el de Caingala, Los Navorios, Manianí, Los Palillos, Mejicapa, Tenampúa y Geto, y que habiéndose insurreccionado los indios y parapetados en las fortalezas de Tenampúa, fue mandado el Capitán Alonso de Cáceres, a pacificarlos y entonces fue que este valeroso Capitán, al ver la grandeza y fertilidad de este valle, lo mismo que la abundancia de materiales de construcción y sus muchos ríos y riachuelos, cumplió la Orden Real de fundar esta ciudad, equidistante de ambos mares, para la honra y gloria de los Monarcas Españoles, en el año de gracia de Nuestro Señor de 1537.

De manera que sí existió un pueblo indígena o la aglomeración de caseríos y pueblos indígenas, éstos no formaban la Comayagua española, sino la indígena o autóctona, muy diferente a la fundada por Alonso de Cáceres, con sus autoridades civiles, militares y religiosas, lo mismo que con familias peninsulares, quienes, poco a poco, fueron introduciendo los usos y costumbres, y muy especialmente, las prácticas cristianas, completamente desconocidas de los indígenas que era idólatras adoradores del Sol.

Consultando algunas obras que pudieran dar luz sobre el particular, pertenecientes al Archivo Eclesiástico, he encontrado un estudio histórico del señor Obispo Dr. Vélez, relativo a las Erecciones de las Diócesis de Centro América, y en dicho estudio aparecen estos pasajes: Pag. 25. – Documentos del Padre Gams. – Series Episcoporum Eclesia Ctaholicae.

En el pasaje que se copia y que se refiere a la Diócesis de Comayagua, 6 – IX 1531 "Erectus est Episcopatus". Las últimas cifras significan que la Diócesis se erigió el 6 de septiembre de 1531, habiéndose la erección real en 1539.

A primera vista parece que la Diócesis de Comayagua fue erigida en 1531, pero no es cierto eso, como se verá a continuación.

En la misma obra del señor Vélez, aparece en la página 13, el siguiente pasaje: "Así Fontana, Covallieri y Bremond, citando los Actos Consistoriales de la época, dicen que Clemente VII nombró primer Obispo de Trujillo, en Honduras, el 6 de septiembre de 1531 a Fray Alonso, o sea Fran Juan de Talavera de la Orden Emerita de San Jerónimo y Prior del Monasterio del Prado".

Dávila, Paz y otros, ponen la erección de la misma Diócesis, en 1539 y hasta ha habido quienes fijen la data en el año de 1527.

El Padre Domingo Manuel en su obra Fastos, dice que tal vez el primer Obispado de Honduras se creó en 1531, sin sede fija, hasta el año 1539 en que se fijó Trujillo, de donde 32 años después se trasladó a Comayagua.

Se ve claramente que los historiadores de aquella época, confundían Trujillo con Comayagua, al tratarse de las Diócesis; pero eso se debe a que tales historiadores o cronistas de aquella época cubrían con el nombre de Diócesis de Comayagua todo el período comprendido desde la erección episcopal de Trujillo y Sonaguera, hasta los últimos tiempos.

Léase este pasaje de la obra del Sr. Vélez, página 21, Cap. IX: "De todo lo expuesto se deduce que la Diócesis de Comayagua se erigió muy probablemente en 1527, sin sede fija, y con sede fija, el 6 de septiembre de 1531, en Trujillo: que la de Nicaragua lo fue el 26 de febrero de 1531 y la de Guatemala, el 18 de diciembre de 1534; y de consiguiente, la Iglesia de Comayagua parece ser la más antigua y la Decana de las Iglesias de Centro América".

Se ha venido hablando de la Iglesia de Comayagua en 1527 y 1531, sin que hubiera sido fundada esta ciudad en tales años; eso demuestra o se deduce que los historiadores y cronistas, escribieron sus narraciones mucho después de la fundación de esta ciudad, por los españoles.

Con relación al Centro Universitario, fundado en esta ciudad, hay constancia documentada que después de la fundación de la Cátedra de Gramática, de orden del Rey don Felipe III, el Ilustre Señor Obispo Dr. Quintanilla, reorganizó el Seminario Diocesano, con la misma Cátedra de Gramática y las de Filosofía, Latín,

Derecho Civil y Canónigo e Historia de la Religión; y en que dicho Centro que, bien podría decirse que fue el principio de la Universidad en Honduras, así como se ha pretendido decir que la Sociedad de Buen Gusto y del genio del emprendedor del ilustre Padre Reyes, fue el principio de dicha universidad, se conferían títulos de Bachiller en Derecho Civil, en Filosofía, Pasantes de Derecho, Licenciados en Derecho, Doctores en Cánones, Sacerdotes, etc., y entre los titulados o graduados en aquel Centro, que con justicia debería llamarse la primera Universidad de Honduras, se cuentan al Dr. don Pedro Boquín, Licenciados en Derecho señores Manuel Romero, José Inés Licona, Pedro Bustillo, León Martínez, Teodoro Funes, Abel Boquín, Manuel Colindres y los notables jurisconsultos, glorias del Foro Hondureño, don Céleo Árias y don Crescencio Gómez.

Las glorias de la fundación de la Universidad de Honduras se la lleva por entero el muy Ilustre Señor Presbítero Dr. Trinidad Reyes, todo por obra y gracia de los historiadores de Tegucigalpa; pero es el caso que estas glorias debiera compartirlas el muy ilustre Padre Reyes con el Rey Felipe III y el Obispo Quintanilla, quienes, si bien es cierto oficialmente no crearon ni fundaron la Universidad, sí fundaron un Centro Instructivo llamado Seminario, que tuvo más fines universitarios, por sus cátedras, sus graduados y titulados, que la sociedad fundada por el ilustre Padre Reyes, en la que no hubo graduados ni hubo cátedras, sino más bien ejercicios y prácticas culturales y literarias.

La historia de Honduras, cuando se escriba por historiadores imparciales, exentos de prejuicios y localismos, sabrá decir la verdad sobre el particular.

Desde luego nadie podrá negar al Dr. don Juan Nepomuceno, que él se lleva la gloria de la fundación oficial de la Universidad o sea la Universidad Nacional.

TRADICIONES

Tradiciones de la Ciudad de Comayagua

Obedeciendo a reiteradas excitativas, tanto en el interior, como del exterior he dispuesto reproducir, con las ampliaciones necesarias de hechos y acontecimientos ocurridos en esta ciudad, de los cuales nada se había dicho en la primera edición, mi folleto Folklore Hondureño, que más bien debiera llamarse Tradiciones de Comayagua, porque efectivamente lo que se publica en este trabajo, son tradiciones y relatos de acontecimientos ocurridos, como antes se ha dicho, en esta ciudad.

Dese luego, manifiesto que no me guía el deseo egoísta de notoriedad, sino lo que me propongo es que tales tradiciones y relatos, se conserven para conocimiento de las generaciones venideras, y porque como muy bien dijo el Dr. Manuel F. Rodríguez, en uno de los artículos de El Cronista: "Recoger nuestras tradiciones, cantos populares, supersticiones, cuentos de esos que se repiten de boca en boca es obra patriótica, ya que la nacionalidad se ha mantenido entre nosotros, por los lazos del idioma, la religión y la raza; pero que poco, muy poco han contribuido las tradiciones nacionales; y que de ese gran tesoro de sabiduría popular, de esa ciencia del pueblo que se define con la palabra FOLKLORE, nada sabemos".

Es por tales razones que yo contesté, en artículo publicado en El Cronista, que si recoger la historia y tradiciones del pueblo era obra patriótica, yo ponía mi grano de arena en la hermosa obra de reconstrucción de la literatura nacional, publicando mis mejores FOLKLORES de Comayagua, ciudad histórica, legendaria, rica en leyendas de trovadores, de gentiles hombres, de damas linajudas, de encantamientos y de fantasmas de espíritus bonachones y maléficos.

LA VETUSTA CRUZ DE SAN FRANCISCO Y EL FANTASMA DE LA NUBE

Suceso maravilloso y fantástico
ocurrido hace trescientos cuarenta y cuatro años
en la ciudad de Comayagua

Existe en el interior de la iglesia de San Francisco, de esta ciudad, una antigua y vetusta Cruz de madera fina, obscura, ya carcomida por la acción de los siglos, como de dos metros de alto por uno y medio de ancho, en los brazos; y en dicha Cruz ocurrió en el año de 1603, esto es, hace unos trescientos cuarenta y cuatro años, el suceso maravilloso y fantástico que a continuación relataré, cuya narración fue tomada de don Francisco Cruz, el año de 1856, de La Crónica del Santísimo Nombre de Jesús de Guatemala, de la Orden de N. S. P. San Francisco.

La narración del suceso fantástico dice así:

"Todos los viernes, al punto del mediodía, se veía venir de un río que está cercano al Convento de Frailes de N. P. San Francisco (El Río Chiquito), un fantasma, bulto o sombra formidable de mayor tamaño que el de un cuerpo humano, vestido como de una nube blanquísima, cuyo movimiento era tardo, espantoso y como ocasionado del aire.

El término de su movimiento era la Cruz que está en el Cementerio de dicho Convento, con la cual se incorporaba de modo que envolvía en sí la Cruz.

Cuál fuese el primer día que apareció no se pudo saber; como no era más que los viernes, la hora por sí ocupada, la gente del lugar, no mucha, el sitio en que aparecía a tras mano, no se advirtió, hasta que la voz del primero que la vio, y cuidado de personas de valor, que ya por el susurro común quisieron investigar la novedad, se supo y se conoció del lugar, día y hora de estos aparecimientos, con asombro común de todos, sin que alguno se atreviese a delatar la diligencia; aunque no faltó quien lo intentase, y le costó a rigor de calenturas que le causó el miedo, no menos que la vida.

A este tiempo se dijo en Comayagua, cómo el Padre Franciscano Fray Esteban de Verdelete había entrado por la Segovia, a los indios infieles, con lo que, verosímilmente, afirmaron todos, y fue generalmente opinado que le habían muerto los indios, y que allí aparecía, por disposición divina, para manifestar el modo.

Pero cuando de vuelta de su peregrinación le vieron todos vivo, creció el pavor y se le noticiaron de todo lo ocurrido y su muerte que imaginaron, la cual fue para él, un dogal que le acaba la vida, y el suceso para la ciudad, un horros que los hacía vivir despavoridos y cuidadosos del paradero que tendría.

El Padre Fray Esteban Verdelete, habiendo pedido a Dios, con prolijas e instantes oraciones y ejercicios espirituales, le manifestase el fin de aquel asombro; conferida la materia con el Ilmo. Señor Obispo de aquella Iglesia, don Francisco Gaspar de Andrade, religioso Franciscano, tan espiritual y apostólico, como docto y prudente; habiendo hecho Su Señoría, por sí y por sus ovejas, muchos ayunos y oraciones, dio su bendición al Padre Fray Esteban, para que un viernes, diciendo misa a las once, saliese inmediatamente a esperar la visión, como Ministro de Dios; y quien, para el caso, tenía autoridad episcopal, pidiese a la criatura que en aquella nube o espera niebla que envolvía, revelase, siendo voluntad de Dios, lo que significaba.

Hízolo así el valeroso religioso; y a vista de todo el pueblo que a la novedad se había reunido, esperó, no sin grande horror de los que lo veían, la sombra en la peana de la Cruz, la cual, llegando a ella, la envolvió, como en un globo de niebla espesa que apenas permitía se pudiera ver al religioso, aun siendo a mediodía.

A veces, formado por la niebla, un sujeto como de humana persona, se veían dos como que conversaban alguna materia de importancia; otros, en una profunda suspensión, veían solamente al Padre Fray Esteban, rodeado de la niebla, como que atentamente escuchaba.

Duró doce horas continuas el coloquio, desde las doce del día hasta las doce de la noche; asistiendo, en lo que permitía, de los ángulos del cementerio, cuanta gente había en la ciudad, con extraño pavor que ninguno osó llegar a ver o escuchar de cerca lo que entre los dos pasaba.

Al fin de la cual colocación, vieron, porque alumbraba la luna, que el Padre Fray Esteban daba una bendición a la sombra que en forma de persona humana se transformó; y que de allí, por el camino que había venido, se fue, acompañado del religioso, el cual volvió; y sin hablar palabra ni hacer otra cosa que sentarse a descansar un rato, como hombre que venía muy fatigado, y tomar algunos tragos de agua, se fue inmediatamente a casa del Señor Obispo, de donde no volvió hasta el día siguiente.

Muy de mañana salió orden del Señor Obispo, de ruego y encargo a todos los sacerdotes de la ciudad, Regulares y Seculares, de que aquel día y otros dos, celebrasen todos a su intención; y Su Señoría dijo Misa Pontifical, en la festividad del día, en la cual hubo sermón que predicó el Padre Fray Esteban, ponderando las misericordias de Dios; exhortando a todos ser agradecidos; y asegurando de parte de su Divina Majestad QUE NUNCA JAMÁS APARECERÍA AQUEL FANTASMA O SOMBRA, sin deslizársele palabra que manifestase lo que fue, ni jamás se supo, porque el secreto quedó entre el Obispo y el Padre Fray Esteban.

Concluyó su sermón, diciendo que a él le convenía dejar aquella tierra, porque Dios le llamaba para otros misterios de su servicio; y pidiendo a todos, oraciones por el buen suceso de lo que tomaba entre manos; despidiéndose con palabras tan dulces y eficaces, tomadas de San Pablo, como se refieren en el Capítulo 20 de los Hechos Apostólicos, que excitando copiosísimas lágrimas, en todo su auditorio, le impidieron el acabar sin ellas; y de allí a las veinticuatro horas salió para Guatemala".

PROCESIÓN DE LOS ANGELONES EN EL DÍA DE DIFUNTOS

En otros tiempos, en los que en esta ciudad se celebraban las festividades religiosas con más esplendor y solemnidad que ahora, para el Día de Finados, primero de noviembre de cada año, las iglesias enlutaban sus naves, con largas cortinas negras, y practicaban solemnes ritualidades litúrgicas.

Desde las cuatro de la tarde comenzaban las campanas de todos los templos y sus esquilas de difuntos, que venían repitiéndose de hora en hora, hasta otro día, al amanecer, en que los sacerdotes celebraban las tres misas en un solo acto.

A las siete de la noche salía de la Santa Iglesia Catedral, una lúgubre procesión, por todas las calles de la ciudad, con la Cruz Alta y los Ciriales, encontrándose en aquellos momentos la ciudad, triste, fría y azotada por los fuertes aquilones de noviembre.

Un sacristán piadoso, portando una palangana de plata y una sonora campanilla, iba enseñando devotamente, el Santo Rosario, y al mismo tiempo pedía a los fieles de la ciudad, una limosna para las Ánimas Benditas del Purgatorio.

Al llegar la enlutada procesión, a cada casa, entonaba a grandes voces el canto monótono y quejumbroso que decía:

Ángeles somos que del cielo venimos a pedir pan para el Sacristán... y entonces, el dueño de la casa, lleno de miedo y tembloroso, alargaba su mano, por el postigo de la puerta o de la ventana y daba su limosna.

Entonces los Angelones, agradecidos por la piadosa dádiva para el alivio de las benditas Ánimas, entonaban, con las mismas voces estentóreas, este otro canto: Estas puertas son de cedro y las almas en el cielo...

La procesión de Angelones seguía caminando por las calles, rezando el Santo Rosario y cantando el Miserere, hasta llegar a la puerta de otra casa, en donde repetía su pedimento de limosna para las Ánimas, siempre entonando sus monótonos y quejumbrosos cantos.

Pero si desgraciadamente en aquella casa no respondían o no salían a la puerta o postigo, para dar el pan para el Sacristán, entonces los Angelones, airados y con voces estentóreas, entonaban este canto: Estas puertas son de hierro y las almas en el infierno…

Y mientras la funeraria procesión recorría los tristes y silenciosos barrios de la ciudad, las campanas de los templos, plañideras y dolientes, llenaban los espacios con sus esquilas de difuntos; y el viento de noviembre, tétrico y funerario, gemía sobre los húmedos tejados de esta legendaria y conventual Valladolid…

A las diez de la noche la procesión de los Angelones hacia su regreso a la Catedral, en donde se decían las últimas preces, para el alivio y descanso de las Benditas Ánimas del Purgatorio; y después de lo cual, todos los Angelones se dispersaban, entonando el Ave María, para ahuyentar el Demonio que también deambulaba por calles y plazas, en aquella noche de difuntos.

(Leyenda)

Después de la procesión de Angelones, y como a eso de las doce de la noche, aseguraban nuestros abuelos, que salía de la derruída y antigua Iglesia de San Blas, distante como un kilómetro de las ciudad, la macabra procesión de Ánimas, formada de muertecitos que semejaban muchachitas como de doce años, todas ellas vestidas de largos y blancos camisones, con las cabezas peloncitas y los pies desnudos y amarillentos, los que no tocaban el suelo; pues se les veía caminar como a un pie de la superficie, llevando todas, en las manos, candelas encendidas que despedían luces amarillentas, parecidas a fuegos fatuos.

La primera visita que hacían era al Cementerio, en donde todas las tumbas se abrían, saliendo los esqueletos de los difuntos, quienes se postraban sobre las losas de sus nichos, con los brazos extendidos en forma de cruz, y entonaban, con voces roncas y destempladas, el Miserere.

Después de estos cantos, salían en macabro consorcio, en procesión, por las calles de la ciudad, hasta llegar a los cementerios de los viejos conventos de San Francisco y La Merced, en donde repetían sus salmodias y cantos funerarios, entre esquilas y dobles de campanas de los templos que no cesaban durante toda la noche...

Pero si algún curioso se atrevía a salir o a asomarse a la puerta o postigo de la ventana, en el acto volaba un Ánima Pelona y se le plantaba al frente, dándole una candela que despedía mortecina luz fosforescente, la que, al tomar en la mano el atrevido y curioso, se le convertía en hueso de muerto, por lo que el aterrorizado curioso huía lleno de espanto, al interior de su casa, medio loco y con fuerte frío de calentura...

La procesión de las Ánimas continuaba deambulando, entre cánticos de tumbas, dobles y esquilas de funerarias campanas y bajo la helada y pertinaz lluvia, hasta el amanecer que cantaba el primer gallo, con lo que, como por encanto, se esfumaba y desaparecía aquella macabra procesión.

Momentos después, las campanas de los templos llamaban a los fieles a oír las tres Misas que los sacerdotes oficiaban, para el alivio y descanso de las Benditas Ánimas del Purgatorio.

LA HISTORIA DEL VIEJO Y SANTO ERMITAÑO DE LUENGA Y CANOSA BARBA

Hacía sacrificio una vez al año,
En cada noche de Jueves Santo.

Mi buena abuela me contaba, en los días de la infancia, que un viejo ermitaño, de luenga y canosa barba, quien habitaba cierta cueva de la montaña, vivía en perenne oración, alimentándose de hierbas y raíces, vestido de un sayo obscuro, y fajado de la cintura con una cuerda, con la que se aplicaba cilicios para martirizarse, todo en honor y gloria de Dios; y que todos los años venía desde su lejana cueva, por el camino que de la aldea El Sitio, conduce a esta ciudad, arrastrando una pesada peña que, amarrada a un pedazo de soga, se envolvía en la cintura.

Este sacrificio del viejo ermitaño lo hacía una vez al año, en la noche de cada Jueves Santo, como a eso de las ocho, con el objeto de hacer una visita a los Monumentos de los templos.

Primeramente llegaba a la Iglesia de La Merced, y al frente del atrio se hincaba y hacía oración; besaba la tierra, salmodiaba el Misere Mey Deus, y después salía en dirección de la Iglesia San Francisco, en donde repetía las mismas oraciones y rezos.

De San Francisco se dirigía a la Iglesia de La Caridad o El Calvario, y terminaba la visita del Monumento de este templo, se encaminaba por la Calle Ancha a la Iglesia de El Carmen, de donde partía para hacer su última visita, al Monumento de la Catedral.

Allí entonaba en voz baja, un canto de pasión, triste y funerario, y cuyas voces llegaban al oído del Prelado Diocesano que allí cerca habitaba, quien salía a su balcón, desde donde le daba al santo ermitaño, su apostólica bendición que recibía éste, postrado de rodillas.

Este santo anacoreta regresaba por el mismo camino que había traído, después de haber recorrido los templos de la ciudad, en su santa procesión, siempre arrastrando su pesada peña, envuelto en su sayo, de tal manera que nadie podía descubrirle el rostro.

Un año, el último de su venida, como de costumbre llegó a hacer su visita de Monumentos, en la noche del Jueves Santo, y después de sus oraciones y rezos, en el Monumento de La Merced, se levantó y caminó hacia la Iglesia de San Francisco, arrastrando su pesada carga.

Pero como la tentación nunca falta en esos días santos, apareció por allí un borracho de apellido o apodo Pachito, quien se lanzó sobre el ermitaño, tratando de descubrirle el rostro, al claros de los rayos de un hermoso plenilunio de aquella noche apacible y santa; pero como el anacoreta se cubrió el rostro fuertemente con su sayo, el desalmado le dijo: "Santulón: si sos tan fuerte, arrastrame a mí también" y se le sentó en la peña que el ermitaño no pudo mover, lanzando un gemido de desesperación y exclamando con estentórea voz, estas palabras: "Señor, Señor, ten piedad de nosotros".

Aquellas voces, como salidas de un volcán, retumbaron en el atrio de la Iglesia, en donde habían bastantes personas piadosas, quienes al darse cuenta del sacrílego ultraje del borracho al santo anacoreta, corrieron a quitarlo de encima de la peña, lanzándolo al suelo y amenazándolo si volvía a intentar semejante sacrilegio.

El santo ermitaño, dando gemidos ahogados y quejumbrosos se regresó arrastrando su pesada peña, a su caverna de la montaña, en donde vivía, en perenne oración, sin volver jamás a la ciudad…

Todos los vecinos del Barrio Arriba aseguraban que cuando murió el tal Pachito, salió del cuarto en donde estaba tendido, un fuerte olor a azufre, y que había allí, en aquellos momentos, un hálito de terror y espanto, propio de un condenado…

ENCANTADORA "LAGUNA DE GETO", COMO ESPECIE DE PARAÍSO TERRENAL

Arboles misteriosos; sirenas de blondos
cabellos luminosos, frutas encantadas.

Existe al Oriente de esta ciudad, la hermosa montaña llamada de Comayagua, y en las cimas de ella se encuentra, según la creencia popular, la famosa laguna encantada llamada "Laguna de Geto".

Esa laguna es una especie de Paraíso Terrenal, con la única diferencia de que allí no existe ningún Adán ni mucho menos ninguna Eva, ni la tentadora serpiente, pero sí, la sabrosa y prohibida manzana.

En esa famosa Laguna de Geto hay una gran variedad de árboles frutales, desde la sabrosa pera, las dulces manzanas, doradas uvas, zapotes, nísperos, piñas, duraznos, bananos de todas clases, etc., lo mismo que toda clase de flores perfumadas, plantas raras, árboles misteriosos y traicioneros, tales como el árbol carnívoro, el que con sus anchas y sedosas hojas, aprisiona los pajarillos que se le acercan.

En sus fuentes, en que corre a torrentes el vino, la miel y las aguas perfumadas, nadan y retozan sirenas de blondos cabellos, mitad mujeres bellas, mitad peces, quienes juegan con las lindas aves acuáticas de brillantes plumajes que pululan en las fuentes, lo mismo que con los pececillos de oro y nácar que surcan las ondas, en todas direcciones.

Se asegura que en esa laguna encantada, se goza de eterna primavera de la vida, lo mismo que de salud inalterable, y especialmente tiene el don de devolver la salud perdida al enfermo que la visita, por mientras permanece en ella.

También se asegura que en dicha laguna tuvieron su residencia los viejos y santos anacoretas que visitaban los Monumentos de Semana Santa, todos los años, y que los pajarillos de los huertos iban todas las mañanas y tardes a endulzarles los oídos, con sus trinos y gorjeos.

Todos los viajeros y visitantes de la laguna pueden comer, hasta la saciedad, de los frutos de los huertos, con la especialidad de que esos frutos jamás causan llenura de estómago, para que así los visitantes puedan gozar de tanta variedad de sabrosas frutas.

Pero si éstos tratan de sacar frutas, flores o pajarillos de la laguna, entonces, con asombro y terror de los visitantes, se desatan fuertes rachas de viento que les azotan la cara, hasta hacerlos caer al suelo, en donde, tanto las frutas como las flores o pajarillos sustraídos, se transforman en grandes vampiros que con las alas les azotan los rostros, haciéndolos huir de aquel lugar encantando, en precipitada carrera.

Aseguran los muchachos valerosos del barrio, los que han ido a conocer dicha laguna encantada, que mientras se permanece en ella, se olvidan los sufrimientos y penas: que solamente se siente un dulce bienestar y una felicidad suprema: que la fealdad desaparece en las muchachas y la cobardía desaparece en los hombres: que allí no hay vejez, y la persona se siente rejuvenecida, con muchos años de vida menos; y que lo único que reina en ese Paraíso Terrenal es el Amor, la Belleza la Alegría y la Eterna Juventud...

Pero eso sí, allí aunque se coma cuantas veces se quiera, bajo aquellos frondosos y fructíferos árboles, la prohibida manzana o las dulces uvas, se ha de tener especial cuidado de no sacar de los huertos, frutas, flores, ni pajarillos, porque entonces, las furias de la laguna se revuelven en contra del abusivo visitante que así paga el goce de tanta belleza y tanto encanto, con la deslealtad y el fraude.

EL CABALLO SIN CABEZA

Espantos de Cuaresma

En los días viernes de cuaresma, acostumbraban las señoras piadosas y de buena vida, asistir a la procesión de Los Pasos de Jesús Nazareno, en la que la dulce imagen de Jesús era llevada en hombros, por la Calle del Calvario, entre cánticos de pasión, rezo de Viacrucis y perfume de flores de quilinchuche.

Las gentes devotas que no podían asistir a Los Pasos de la tarde o a los de la madrugada que salían de la Iglesia de La Merced, iban al Viacrucis que se rezaba por la noche, en la Calle del Calvario; y así santificaban, aquellas buenas y piadosas gentes, los viernes de cuaresma, entre ayunos y abstinencias.

Pero como en la viña del Señor siempre hay ovejas descarriadas, naturalmente que aquí las había; y en los barrios existían mujeres mundanas, de vida alegre y licenciosa, las cuales tenían fama de ser corruptoras de menores y de estudiantes, y que no guardaban ni los preceptos de la iglesia ni asistían a las pláticas religiosas y mucho menos a las procesiones de los viernes o sean los Viacrucis.

Se cuenta que una noche, y cuando menos lo esperaba una de aquellas desgraciadas, se le plantó en la frente de la puerta que, dichosamente para ella ya la tenía cerrada, el caballo sin cabeza, que era una especie de monstruo que hacía su irrupción por el arrabal llamado de La Zapera, conocido hoy con el nombre de Arrabal de la Reforma; y allí, aquel espeluznante animal o espíritu diabólico, daba infernales relinchos, arrojando fuego por todos los poros del cuerpo, casqueando la puerta de la infeliz ramera, hasta dejarla rajada y manchada de fétidas inmundicias; y, por último, arrojaba humo azufroso, con el que dejaba atolondrada y media asfixiada a la pobre pecadora, quien, antes de caer en estado inconsciente, pero toda convulsa, llena de terror y espanto, daba alaridos de desesperación, los que al ser oídos por los vecinos, se hincaban a cantar el Santo, Santo, Señor Dios de los Ejércitos… con lo que la bestia maligna, con su diabólico jinete también acéfalo o sin cabeza, huía entre remolinos de viento y ruido de tormenta, por entre las arboledas y malezas de los huertos cercanos al arrabal.

Se asegura que al siguiente día de aquel espantoso suceso, la infeliz mujer, corría hacia el templo a confesar sus culpas, llena de arrepentimiento; y comenzaba así; nueva vida de honradez y religiosidad.

UN HOMBRE DESCREÍDO

Réprobo y Blasfemo, Sombras Negras se lo llevan

Cuentan los ancianos que existía en esta ciudad un hombre descreído, réprobo y blasfemo que no quería que nadie, y antes bien, aborrecía a todo el mundo; y que era un ladrón ratero, empedernido, especialmente de iglesias y casas de gentes pobres de los barrios.

Aquel desgraciado hombre, un día viernes de cuaresma, dispuso robarle la única ropita de uso que tenía un pobre ciego limosnero, quien había ido a bañarse al río Chiquito; y el ratero, disfrazado con ropas de pordiosero, se fue a hacer correrías nocturnas.

Al pasar por la Iglesia de San Juan de Dios, anexa al Hospital del mismo nombre, hoy en ruinas, como a eso de las doce a la una de la noche notó que la puerta principal de dicha iglesia estaba mal cerrada, y entonces concibió el malvado, el proyecto de introducirse en ella, para robar lo que encontrara en el templo.

Pero observando que en el Altar no había objetos valiosos, más que los vasos sagrados que estaban adentro del depósito, dispuso romper dicho depósito y robarse el Copón en que estaban adentro depositadas las sagradas Formas Eucarísticas.

Y como lo pensó, así lo hizo; y después de robarse el Copón sagrado, se comió las Formas Eucarísticas u Hostias Consagradas, entre burlas y changonetas del mismo, procediendo a embolsarse el vaso sagrado, con la mayor sangre fría y tranquilidad. Y temiendo que alguien pudiera ver su salida de la iglesia se fue a apagar la lámpara que permanecía encendida, a un lado del Altar.

Así que el ratero había hecho su sacrílega fechoría, salió del templo y se encaminó por la calle que conduce al Cuartel Principal, y al doblar la esquina se queda al frente de dicho cuartel, el centinela lo requirió por tres veces, cuyos requerimientos no oyó el ladrón, por los fuertes ladridos de unos perros, por lo que el centinela le hizo fuego, disparándole varios tiros, logrando acertarle uno en el costado que lo hizo rodar por el suelo, en donde se revolcaba en su propia sangre que le salía de la herida a borbotones, prorrumpiendo en alaridos de rabia y en imprecaciones de maldición y lamentos de condenado.

A los gritos del ratero, llegó gente a ver qué sucedía, y al reconocer al ladrón que ya tenía bien sentada fama de tal, y observar que el vaso sagrado estaba a un lado del hombre, entre lodo hecho de sangre y tierra, fue recogido dicho Copón Sagrado, para llevarlo a la Santa Iglesia, de donde había sido robado.

Al momento, sea por el mal olor de la sangre o por venganza divina contra el indigno sacrílego, se formó una jauría de perros negros que aullaban alrededor del cadáver del réprobo, que despedazaron y se llevaron las piltrafas, para las faldas del Cerro de los Nances, quedando después un tufo a azufre y una estela fosforescente, por donde había pasado la jauría de perros, con el cadáver del réprobo.

Y desde aquella negra noche, es creencia que en el Cerro de los Nances, se oyen en las noches de luna, de los viernes de cuaresma, unos gritos lastimeros, en distintos lugares de las cimas del cerro, y las gentes timoratas de los barrios, al oír los gritos del condenado, rezan, aterrorizadas, El Perdón...

EL JUEZ DE PAZ Y LA TUERTA FELIPA

[Verídico]

En los comienzos de la Administración del Doctor Marco Aurelio Soto, allá por los años 1877 a 1878, se administraba justicia en esta ciudad, por medio de Jueces de Primera Instancia y Jueces de Paz; y es el caso que en aquel entonces, el cargo de Juez de Paz, siempre lo desempeñaba un viejo pudiente en ganadería, pero bastante escaso de ciencia jurídica; y, lo peor del caso, es que era muy remolón, regañador y bravucón, de quien murmuraban las gentes que tenía Pauto con el Diablo. Su nombre de pila y confirmación era el de Juan Manuel Bustillo.

Un día de tantos, a la hora del Juzgado, compareció una vieja no menos rezongona y camorrista de oficio canchera, de nombre Felipa Barretera, comúnmente conocida con el apodo de la Tuerta Felipa, por ser tuerta de un ojo, quien interpuso demanda contra el zapatero Albino Pistillo, quien le debía, de plazo vencido, doce reales de nacatamales.

Admitida la demanda fue emplazado el demandado, quien, al contestarla, manifestó que él nada debía a la vieja Felipa, quien era una mentirosa, acostumbrada a cobrar lo que no se le debía; y además, que no había presentado ninguna prueba a su demanda, por que pedía se le absolviera de ella y se condenara en las cosas a la demandante.

La vieja, al oír los razonamientos del demandado Pistillo, dio unos resoplidos y lanzó al suelo unos escupitazos, diciendo, con frases fuertes y amenazadoras, que no le extrañaba que el sinvergüenza le negara la deuda, pues ese era su oficio; y encarándose con el hombre, se los iba a sacar del galillo, "por huevos o por candelas", al mismo tiempo que violentamente se levantaba las naguas a alturas fuera de lo acostumbrado, que hicieron pestañar Juez y Secretario.

Tramitada la demanda, se emitió sentencia absolviendo al demandado y condenando en las costas a la demandante o sea al pago de cinco tostones, en consideración de ser mujer; y al ser notificadas las partes, el demandado se conformó, dando las gracias al Juez, y la demandante montó en cólera, y como de costumbre, se levantó las naguas hasta las fronteras vedadas y prorrumpió en frases ofensivas para Juez, Secretario, demandado y para todos los malditos hombres de la Tierra, asegurando que todos eran coyotes de una misma loma, cuando se trataban asuntos con las pobres mujeres; y que no estando satisfecha de ese mamarracho de sentencia, apelaba y reapelaba de ella, aun cuando tuviera que ir hasta la Corte Celestial...

El Juez Bustillo, al oír aquellas frases irrespetuosas de la vieja Felipa Barretero, perdió la paciencia; y habiéndosele subido los toros a la mollera y parándosele los siete pelos del diablo que tenía en las ojeras, le gritó al Secretario diciéndole, escriba Secretario:

"Apele la vieja tuerta";
"Reapele la Barretera";
"Y en moronga se convierta"
"Su demanda de Chanchera"
            Notifíquese.

Demás está decir que no había acabado de leer el Secretario, el Notifíquese, cuando la Barretera, que era mujer gigantona, salió a pasos de maniobras del Juzgado, no sin haberles sacado la lengua y hacerles un saludo trasero, a ambos funcionarios, quienes quedaron rascándose la cabeza y viéndose las caras,...

Diciendo "¡qué vieja!, ¡qué vieja!".

LA COLUMNA DE FERNANDO VII Y LAS CUENTAS DEL GRAN CAPITÁN

[Histórico]

Cuentan las crónicas comayagüenses que el Rey de España don Fernando VII, al tomar posesión del Reino, el cual comprendía los inmensos dominios, en donde no se ponía el Sol, quiso perpetuar la memoria de tan fausto acontecimiento, mandando levantar en tierras de América, un monumento en forma de columna, que fuera tan elevado y sólido, como el de Trajano en Roma y las Pirámides en Egipto, capaz de desafiar los embates de los siglos.

Después de muchas deliberaciones en los Consejos del Monarca Español, se acordó que esa gran columna conmemorativa se levantara en una de las plazas de esta Nueva Valladolid, o sea en la que en aquella época se llamó Plaza de la Constitución de 1812 y que hoy se llama Parque Calderón o Plaza de La Merced.

El Rey don Fernando VII dio comisión al Capitán General de Guatemala, don José Bustamante y Guerra, para que él, como Jefe más inmediato de este Gobernador Provincial, llevara a cabo la construcción de tan grandiosa y memorable obra, para lo cual se le mandaron fondos atesorados en esta Caxa Real, en cuyas arcas habían grandes cantidades de plata acuñada y labrada, lo mismo que considerable número de lingotes de oro y depósitos de mercurio.

También se mandaron poner a las órdenes del Señor Bustamante y Guerra, todos los esclavos y peonería disponibles; los maestros albañiles, constructores y canteros, existentes en la provincia.

Después de todo esto, los trabajos se principiaron, bajo la inmediata inspección y vigilancia del Gobernador Provincial, quien desplegó bastante diligencia y celo; encargándose personalmente de las compras de materias; del pago de maestros y operarios; y de cuantos gastos y estipendios más, ocasionaban los trabajos de la famosa obra; y, naturalmente, el Gobernador llevaba las cuentas, de seguro, por partidas visibles e invisibles, las que, al correr de los tiempos, fueron confirmadas con el nombre de las Cuentas del Gran Capitán…por lo excesivas y fabulosas.

Así pasaron los días, las semanas, los meses y los años, con la especialidad de que entre más gastos se hacían en la obra, menos adelantada ésta; y fue tal la fama del derroche, que hubo quien afirmara que con el volumen de planillas, recibos y contratos, pudo haberse levantado otra columna de papeles, casi igual a la famosa "Fernando VII".

Pero a pesar de tantos gastos, contratiempos y dilaciones, al fin y al cabo se terminó la monumental obra arquitectónica que es la mismísima que hoy se contempla frente a la Santa Iglesia de La Merced, y en el mismo lugar en que el Capitán don Alonso de Cáceres plantó el Pendón de Castilla, en nombre de los Monarcas Españoles.

La famosa columna tiene una base octagonal, como de tres metros de diámetro, con un cuerpo o fuste de forma cilíndrica, adelgazada en la parte superior; teniendo a los lados anverso y reverso, dos planchas de piedras labradas, con restos de inscripciones y corona, las que fueron casi destrozadas, en la célebre mañana del 28 de septiembre de 1821, cuando llegaron los Pliegos que contenían el Acta de Independencia Nacional, decretada en la ciudad de Guatemala.

El estilo de la columna es de orden jónico, teniendo en su remate superior, adornos de hojas de acanto, esculpidas y talladas en piedras rojas, con cornisas circulares, y una corona de Marqués, de piedra; adornos éstos que están casi destruidos por la acción del tiempo y de las lluvias; pero se sabe que hay el propósito de restaurarlos, tales como fueron formados en sus primitivos tiempos.

Se asegura que cuando el Rey don Fernando VII recibió los informes de las grandes cuentas de los inmensos gastos hechos en la célebre columna, espantado se fue hacia su alcoba, a sacar un potente catalejo o anteojo de larga vista, murmurando que, como esa columna había costado una montaña de doblones, era muy seguro que llegaría hasta las nubes; y, por consiguiente, bien podría verse desde su palacio… y apuntando su catalejo hacia tierras de América, en donde estuvo escudriñando el horizonte, por todas direcciones, sin haber podido descubrir la famosa obra, se volvió airado hacia los comisionados que habían ido a darle cuenta de dicha obra y sus respectivos gastos, a quienes amenazó severamente, diciéndoles que haría examinar todas las cuentas de gastos, para hacer escarmentar a los culpables de peculado y estafa...

Al lado Sureste de la mencionada Plaza de la Constitución de 1812, las autoridades coloniales, mandaron levantar la tétrica y fatídica Picota que era el instrumento de tortura en que se ahorcaban a los criminales, a los esclavos prófugos y a los asesinos; y hoy puede verse el lugar en donde fue levantado ese símbolo de la época colonial.

Constaba la Picota de un madero o viga enclavada en el suelo, fuertemente, para resistir los estertores, convulsiones y sacudidas de los infelices que pendían de la soga al cuello; en el extremo superior, estaba enclavado un tirante como de metro y medio, en forma de escuadra, reforzado para poder sostener el cuerpo convulso y pesado del ajusticiado; y en el extremo de este brazo o tirante, estaba colocada una fuerte y pesada garrucha, de la que pendía la soga que se echaba al cuello del infeliz, en momentos en que el sacerdote o confesor, daba las últimas preces y exorcismos al condenado, quien, al toque de una corneta de la guardia colonial, era izado hasta el tope de la fatídica Picota.

Pero olvidemos estos relatos últimos y no inculpemos a la Madre Patria, a quien tanto le debemos; pues errores fueron de aquellos tiempos, en los cuales sufrieron, por igual, no solamente los colonos americanos, sino que también los hijos de la misma España.

LOS EXÁMENES DEL MAESTRO CARLOS REYNA

Allá por el año de 1880, época en que vinieron al país muchos hombres importantes, militares, poetas y maestros, apareció por allí el Maestro Carlos Reyna, quien era un hombre amanerado, culto, de apariencia simpática, pero con algo de mariquita, por lo que algunos guasones dieron en llamarle Señorito Reyna.

El Alcalde, Dr. don Faustino Pagán, quien era amigo de la instrucción, deseoso de que la Escuela de Niños estuviera mejor servida, nombró Maestro de dicha Escuela al Bachiller Reyna, a quien le sirvió de carta de recomendación, su buena apariencia y modales distinguidos, confirmándose aquel refrán vulgar que dice: "La planta hace la trampa".

La Alcaldía Consistorial había ordenado exámenes semestrales, y en cumplimento de tal orden edilicia se practicaron en dicha escuela.

Llegado el día y hora, los exámenes principiaron, con asistencia del Sr. Alcalde Dr. Pagán y de los Regidores Municipales; y después de los campanillazos respectivos, principiaron los exámenes, así:

Maestro Reyna: Diga niño, ¿cuál fue el origen y formación de las palabras de nuestro idioma o lengua?

Alumno: "La palabra lengua se origina del latín lingua, teniendo el lenguaje humano dos formas: una mímica, acompañando el muchacho con esta frase, una mueca o musaraña; otra bucal, torciendo la boca y abriéndola desmesuradamente, agregando que la forma mímica puede llamarse visual, pero que esta forma no la podían usar los tuertos, porque no tenían buena visual.

Aquellas alusiones no le cayeron bien al señor Alcalde, quien era tuerto; pero no se chistó.

El alumno siguió explicando el origen del lenguaje, citando la Biblia, que nunca había conocido, lo mismo que a don Epicuro, quien era partidario del instinto; a don Demócrito, quien creyó que el lenguaje era el resultado del convenio entre los vecinos, y a don Müller, quien aseguró que los pollitos, los bueyes y los carneros habían sido los primeros maestros en enseñarnos a decir pío, pío, muú, bebé.

A continuación, el Maestro Reyna pasó el turno del examen al siguiente alumno, a quien hizo explicar el origen y formación de ciertas palabras o nombres de pueblos y aldeas, como Chiquinguara, Opatoro, Cacaguapa, etc.

Chiquinguara, dijo el alumno: que cuando vinieron los españoles, un Teniente Gachupín, mandó a agarrar una guara o guacamaya que estaba en un árbol bajo; pero ésta al sentirse cogida de la cola, dio un graznido y voló violentamente, dejando en las manos del soldado Gachupín, el mazo de plumas de la cola de la arisca trepadora, y el soldado se puso a gritar diciendo: "Va chinga la guara", chinga guara; y como el tiempo todo lo cambia, se invirtió el orden de los factores y de ahí resultó Guarachinga o Chiquinguara.

Continuó el examen con la palabra Opatoro que se originó por motivo de que otro Gachupín, al llegar al lugar del nombre que hoy tiene un pueblo laborioso, fue arremetido a cornadas limpias por un toro bravío, y en la tribulación, el soldado daba gritos diciendo opa, opa toro; pero como el cornúpeta no amainaba, echó pies en polvorosa y salió en vertiginosa carrera gritando, opa, toro, opatoro, por lo que los compañeros bautizaron el lugar con la palabra que hoy lleva el mencionado pueblo.

El señor Alcalde Consistorial, daba muestras de impaciencia y de disgusto, con el extraño examen de los alumnos del Maestro Reyna.

Siguió el examen con otro alumno y con la palabra Cacaguapa; pero se notó la turbación del alumno, quien, al fin, sacando fuerzas de flaqueza, principió su explicación, diciendo que el origen de la palabra Cacaguapa, según documentos o actas encontradas en el archivo municipal de San Jerónimo de El Espino, a cuyo municipio pertenece la aldeíta que lleva tan poético nombre, dependió de que en dicho lugar se criaban unas casampulgas muy grandes y muy venenosas, cuyas picaduras eran mortales si no se curaban con una medicina que se aplicaba en forma de tisana, la cual era infalible y que se tenía como una especialidad curativa del lugar; pero que se abstenía de una especialidad curativa del lugar; pero que se abstenía de mencionar su nombre, porque como él no era médico ni estudiante de medicina, ignoraba el nombre de la guapa medicina que curaba infaliblemente las picaduras de las casampulgas; pero lo único que él podía afirmar, con actas encontradas en los mencionados archivos de El Espino, era que los vecinos del lugar, para inmortalizar el nombre de la especialidad aquella, bautizaron si querida aldea, con el poético y bello nombre de Cacaguapa...

Después, pasó el examen a otro alumno, con la siguiente interrogación: Diga, niño, ¿qué significaban unos campanazos que antiguamente se daban en el Cabildo Municipal, de esta ciudad, a las nueve de la noche, lo mismo que unos toques de tambos o caja que también se daban, recorriendo los barrios, a las cuatro de la mañana de todos los días, menos los domingos?

Contestó el alumno, que los toques de campana municipal significaban La queda, para que todos los vecinos de la ciudad se reconcentraran o se quedaran en sus casas, menos los llamados serenos, quienes, al par que cuidaban la población, daban las horas cantadas, diciendo: las doce han dado...

En cuanto a los toques de tambor, éstos tenían por objeto recordar a los vecinos dormidos que ya era la hora de el engendro..., función ésta que, hasta hoy, nadie ha podido explicar lo que significaba.

Los exámenes terminaron a las cuatro de la tarde no sin las consiguientes protestas del señor Alcalde Dr. Pagán, quien bastante disgustado por el exraño y ridículo examen dado por el Maestro Carlos Reyna, lo destituyó de su magisterio, enviándole la siguiente nota: "Maestro Carlos Reyna: —La Escuela Pública. —Queda usted destituido del empleo de Maestro de la Escuela de Niños, porque su puerco examen no ha servido más que para exhibirlo como un charlatán, ignorante e indecente; y su apariencia engañosa de mariquita de cocina y figurín de aldea, me hizo creer que usted era un buen pedagogo; y eso me ha hecho recordar aquellos versos que dicen:

> "En este mundo engañoso
> No hay nadie de quien fiar,
> Cada cual cuide de SIGO
> Yo de MIGO y tú de TIGO
> Y procúrese salvar".

El oficio edilicio terminó con la firma, rúbrica y sello del Alcalde Consistorial; y, en cuanto al Maestro Reyna, hasta hoy nada se ha podido saber de su paradero, pues sin duda, el pobre, se hizo hormiga...

UN HOMBRE CONDENADO A SER FRITO EN ACEITE

El día 6 de octubre del año 1820, ocurrió un espeluznante crimen en un pueblo de esta Sección Judicial, consistente en que un hombre, a quien se le llamaba El Sardinero, quien era tenido como empautado con el diablo, mató a un hijo suyo, para llevárselo, en ofrenda humana al uñudo, que en aquel día había descendido de los antros infernales y se encontraba en su diabólica mansión del Cerro Pencaligüe.

El Alcalde del pueblo, al saber la comisión de semejante crimen, mandó prender al parricida, quien fue capturado y maniatado con sogas benditas, para evitar que se soltara con arte de maleficio.

Al llegar el criminal del pueblo, fue puesto en la cárcel y metido en el Trozo, instrumento de tortura, usado por las autoridades coloniales de aquella época.

En el caso que tramitadas las diligencias procesales, fue condenado el criminal a sufrir la pena de ser frito en aceite hirviente, al toque de campanas, de tambores y cornetas, debiendo emplearse, como lo mandaba la Ley de Indias, aceite de olivas, en acatamiento a que dicho artículo se fabricada e importaba de la Madre Patria, la que, al par que sabía emitir tan sabias leyes, asimismo, sabía fabricar buenos aceites que no solamente servían para freír salchichones, sino que también para freír gente viva, como era el desgraciado Salinero.

Pero es el caso en que todo el pueblo no se encontraba aceite de olivas en cantidad suficiente, y por tal motivo se hacía más que difícil poder darle cumplimento a la sentencia impuesta; y en vista de tales dificultades, el Fiscal Antolín Cabrera, de nacionalidad española, hizo que el Juez sentenciador, resolviera sustituir el aceite reglamentario, con manteca de cerdo, la que si podía conseguirse en el pueblo, en cantidad más que suficiente, para la fritanga del criminal.

También se presentó la dificultad de no poderse conseguir trastos bastante grandes para someter al hombre al tormento del frito, y hubo que descuartizarlo primero, y así en pedazos, se cumplió la inhumana sentencia… previo el pregón de los Alguaciles, y entre las esquilas de muertos, redobles de tambores y toques lúgubres de cornetas… todo esto en cumplimiento de una atroz sentencia autorizada por las despiadadas Leyes de Indias que implantaron en estas tierras coloniales, los tormentos del hierro candente; los martirios del trozo; las agonías del vil garrote; y la terrible Picota, cuyo sitio hoy pueden señalar los hijos de esta Valladolid, localizado en una de las esquinas de la Plaza de la Constitución o de Fernando VII, que hoy tiene por nombre "Parque Calderón".

El relato verídico de estos sucesos, fue encontrado por mi inolvidable compadre, maestro y amigo el Dr. don Miguel Soto, en un expediente hallado por él, en los archivos de la Honorable Corte de Apelaciones de esta Sección, según su carta que me envió, en la que decía lo siguiente: "No se llamaba Culmí el hombre frito en aceite, sino el Salinero; y que el Rey de España, emitió un Rescripto Especial que estaba agregado al proceso, en el cual mandó destituir al Juez sentenciador, por no haber empleado el aceite de olivas reglamentario…".

Júzguese ahora, cómo fueron tratados y gobernados, por la Madre Patria, nuestros infelices antepasados…

DEUDOR Y ACREEDOR

Hace algunos años que vino a esta ciudad don Edmundo Lozano Aguiluz, con la importante misión de escarbar archivos para sacar documentos relativos al asunto de límites entre Honduras y Nicaragua; pero como aquella ocupación de escarbar archivos era peliaguda por los catarros que se consiguen al tragarse el polvillo de antiguos folios, descargó su comisión en el joven Abraham Fiallos y en el que estas historietas cuenta.

Se puso manos a la obra y nos enterramos, con el amigo Fiallos, en el Archivo Eclesiástico, de donde se extrajeron varios expedientes matrimoniales de Cabo Gracias a Dios y Río Tinto, mandados en consulta al Diocesano Comayagüense, los cuales expedientes se mandaron a España, para el asunto de límites.

A propósito de tales expedientes, el Dr. don Alberto Membreño, de grata recordación, me refirió una vez que el Presidente de Guatemala, Licenciado Estrada Cabrera, metió a la cárcel a uno de los archiveros de aquella República, porque creyó que dichos expedientes habían sido saqueados de los archivos de Guatemala y vendidos al Ministro de Honduras.

En la búsqueda estábamos con el compañero Fiallos, cuando dimos con las diligencias de la demanda verbal interpuesta por el ciudadano don Blas Bermúdez, quien era uno de los militronchos del Gral. Medina, contra el ciudadano don Eligio Andrade, hombre de saneado capital, quien tenía una tienda de comercio y en ella, unas hermosas bandas de seda roja, de las que se usaban en las pretinas de los elegantes de aquel tiempo.

En el caso que el señor Bermúdez pidió fiado al comerciante Andrade, una de aquellas bandas de seda, la cual le dio éste, olvidando asentar la respectiva partida en su libro de cargo y data.

Pasaron los meses y con ellos el acreedor olvidó el crédito; pero como aquellos hombres eran tan honorables e incapaces de eludir el pago de sus deudas, se llegó el día en que el deudor fue a la tienda del comerciante señor Andrade a cancelar la cuenta de veinte reales que valía la consabida banda.

Don Eligio abrió el libro de apuntes y se puso a buscar la partida, pero no la pudo encontrar, pues por un olvido no la había asentado, y entonces le dijo a Bermúdez que no le debía nada, ya que su libro de apuntes nada decía sobre el particular.

Sorprendido el deudor Bermúdez, se enderezó, y en actitud firme le dijo a su acreedor Eligio: Yo le debo a usted veinte reales, pues mi conciencia es el mejor libro que regula mis acciones y cuentas de hombre honrado: yo no quiero gravar mi conciencia quedándome con esos reales que sé bien que se los debo, y los cuales me sonarían al oído, el día de mi muerte, si no se los pagara. Conque recíbalos.

(Colocándoselos sobre el mostrador).

Don Eligio Andrade, que también era un hombre honorabilísimo a carta cabal, tampoco quiso gravar su conciencia recibiendo aquel dinero que él creía que no se le debía.

En vista de la negativa de ambos, resolvieron llevar el caso al Juzgado de Paz; pero al saberse lo que ocurría entre dos honorables personas, el señor Obispo Fray Juan de Jesús Zepeda y Zepeda los mandó llamar para proponerles arreglo y transacción del asunto; dando por resultado que los consabidos veinte reales, por acuerdo de deudor y acreedor, ingresaron a la alcancía de las Ánimas Benditas del Purgatorio.

Moraleja folklórica: que entre nuestros antepasados los deudores demandaban a los acreedores para que recibieran el valor de sus créditos; que los novios hacían todos los gastos de sus casamientos, sin esperar que los pobres padrinos y madrinas los hicieran, como se acostumbra ahora; y por último: que los santos matrimonios de aquella época no comían manzanas, los días viernes de cuaresma, por no incurrir en pecado mortal.

LA ESTRATAGEMA DEL PADRE POPE

El día 21 de marzo del año 1829, la Honorable Asamblea Ordinaria del Estado, celebró en esta ciudad de Comayagua, una sesión bajo la Presidencia del Representante Doctor Márquez, siendo Secretario el Diputado don José Pinel; y en dicha sesión, según aparece en las crónicas oficiales publicadas en Los Anales Parlamentarios de dicha Asamblea, varios de los Padres Conscriptos agotaron toda su fraseología legalista, para probar que los derechos parroquiales que cobraban los señores curas párrocos, eran indebidos y fuera de arancel.

Los diputados mocionantes fueron los señores don Santos Bardales y don José Pinel, quienes sostuvieron acaloradamente su moción; y el resto de la Cámara se dividió en pareceres, ya que unos se pronunciaron a favor de la moción Bardales – Pinel, a pesar de que tal actitud era peligrosa, por tratarse de un asunto clerical muy peliagudo, ya que entonces estaba en todo su vigor el Concordato Papal de Sixto V, que fulminaba con Autos de Fe y Excomunión Mayor, a todo aquel que tuviera la osadía de hacerle enredos a las cosas de la Iglesia y de sus ministros.

Toda el ala derecha de la Honorable Cámara estaba en contra de la moción, por reputarla impía, antirreligiosa e injusta, porque si desgraciadamente se aprobaba, dejaba a los señores Curas sumidos en la más aguda pobreza y si más alimentos que Kyrieleisones y Aleluyas que no confortan el estómago.

Tan graves y trascendentales asuntos parlamentarios, causaron tremenda alarma en las esferas episcopales, las que a la sazón, estaban gobernadas por el señor Vicario Capitular, don Nicolás Irías, clérigo de pelo en pecho, quien fue un furibundo enemigo del General don Francisco Morazán, a quien le hizo la guerra con los armamentos comprados en Belice, con el producto de las ventas de las platas de esta Catedral, que le dieron la suma de sesenta mil pesos.

Naturalmente que el señor Vicario Irías no se cruzó de brazos ni se hizo el pánfilo, pues al saber lo que estaba ocurriendo en la Asamblea, convocó el Cabildo Eclesiástico, para deliberar sobre lo que debía hacerse o deshacerse, en aquellas circunstancias.

Reunidos los reverendos bajo la presidencia del señor Vicario Capitular, externaron sus opiniones, manifestando algunos de ellos que lo procedente era lanzar en contra de la Asamblea, la Excomunión Mayor ipso facto incurrenda, en caso de aprobar la moción Bardales – Pinel; pero otros opinaron porque se emplearan procedimientos menos drásticos, para evitar choques entre la Iglesia y el Estado. Sin embargo, hubo reverendo que propuso que el caso se llevara al Tribunal de la Santa Inquisición, el que ejercía sus funciones en el templo de San Juan de Dios, bajo la presidencia del Inquisidor Mayor, Fray Segismundo Flores y Gallo, cuya tumba y lápida existen actualmente.

En vista de los pareceres divergentes se levantó de su asiento un clérigo de nacionalidad irlandesa, llamado el Padre Pope, quien dirigió la palabra al señor Vicario Capitular, que presidía el Capítulo, diciéndole: "Muy Ilustre Señor Vicario: Dignaos perdonar el atrevimiento de este humilde siervo de Dios, al proponeros su manera de pensar, de hacer y, tal vez, de deshacer; por lo que pido a Usía Reverendísima, sea muy dignado en darme su autorización para poder obrar con entera libertad de acción, en ese grave problema planteado por la Asamblea del Estado, el cual amenaza destruir el patrimonio de la comunidad religiosa; ofreciéndoos, Dios mediante, que sabré sacar las castañas del fuego, sin quemarme los dedos ni quemar los de nadie".

El señor Vicario Capitular, observando de pies a cabeza al clérigo extranjero, sin duda se dijo in mente: "Ecce homo, ese parece ser el gallo que se necesita para echárselo de tapada a esos ateos y malintencionados diputados mocionantes…" Y acto continuo, el señor Vicario le dio al Padre Pope, todas las facultades necesarias para que actuara con entera libertad, como él lo deseaba.

Era santa costumbre, en aquellos benditos tiempos que los funcionarios del Estado, asistieran a oír la Santa Misa del Alba que se celebraba en la Catedral, a las cinco de la mañana de cada domingo; y un día, el listo y astuto Padre Pope, aprovechándose de la obscuridad de la madrugada que envolvía las naves de la Iglesia, se escurrió muy calladito, sin ser visto de nadie, por las naves y coros, hasta que pudo llegar al Sarcófago de los Obispos, lugar éste en donde se guardan los episcopales restos, consistentes en momias, esqueletos, osamentas, mitras y demás adminículos pontificales, para la veneración de unos y la curiosidad de otros.

Llegado a dicha episcopal tumba, el Padre Pope, en un santiamén, saltó y zas, se metió de cuerpo entero en el Sarcófago, en donde como Dios le ayudó, se acomodó de largo a largo, entre las osamentas del Señor de Guadalupe y las del Señor de Placencia, y allí estuvo, mátalas callando, en espera de la hora propicia, para obrar y actuar, según las circunstancias del caso.

No había transcurrido cinco minutos, cuando se dio principio a la Santa Misa, encontrándose entre los concurrentes a la Santa Misa; pero a la hora del Ofertorio se comenzaron a oír tremendos ruidos que semejaban retumbos de cavernas, agrandados por la resonancia de las espaciosas naves de la Catedral; pero nadie se alarmó ni paró mientes por tales ruidos, que son comunes en templos espaciosos, continuando todos los devotos en sus oraciones y rezos.

Pero no habían transcurrido ni tres minutos, cuando se volvieron a oír otros formidables ruidos y extraños golpes que semejaban retumbos, los cuales salían del Sarcófago de los Obispos, y al mismo tiempo se oyeron voces estentóreas que decían: Hermano Santos... Hermano José... No persigáis la Comunidad Religiosa; y dejad en paz los frutos de la Viña del Señor...

El alboroto y el pánico cundieron entre los feligreses espantados, quienes huyeron despavoridos en dirección de puertas delanteras y traseras, con las caras patibularias y los pelos de punta, no sin que antes las hubieran traspuesto a zancadas y trote de maniobras, los diputados Bardales y Pinel, quienes en su precipitada carrera iban musitando las frases del vulgo que: "con los Curas no hay que meterse, porque son como el zorrillo, a quienes hay que oírles la Misa y nada más...".

La macabra estratagema del Padre Pope dio todos los buenos resultados que se esperaban; pues al siguiente día lunes, los congresales que supieron lo ocurrido a sus compañeros de Asamblea, señores Bardales y Pinel, en la sesión de ese día, retiraron la moción en que pedían la supresión de los Aranceles Parroquiales; publicando en la revista oficial Anales Parlamentarios, el acta de la sesión que dice: "Acta Número 15. – Sesión del 21 de marzo de 1829. – Leyda y aprovada el acta anterior, se discutió y aprobó el dictamen del diputado Boquín, en que se desaprueba la proposición de los Diputados Bardales y Pinel, contraída a suspender los Dros. (derechos) parroquiales". (Ortografía original).

Al saberse en la ciudad tan fausta resolución de la Asamblea del Estado, se echaron al viento las campanas de todas las iglesias; se cantó en la Santa Iglesia Catedral un solemne Te Deum Laudamus; se mandó iluminar la Plaza Central con bastantes luminarias de ocote; y, en el recinto de la Sala Capitular, en donde se encontraba todo el Capítulo Canónico, presidido por el señor Vicario Capitular, Monseñor Nicolás Irías, y sin que el pueblo supiera el motivo que dio origen a aquellas festividades, se le impusieron al Padre Pope, las insignias de Sacristán Mayor de la Catedral, con la dotación mensual de 30 pesos.

LOS TEMBLORES Y EL MILAGRO DE LA VIRGEN

El día 14 de octubre del año de gracia de 1774, ocurrió en esta ciudad, un gran terremoto que causó muchos perjuicios y deterioros en los edificios y el consiguiente susto a los pacíficos moradores, entre los cuales se encontraban el muy Ilustre señor Obispo, Dr. don José de Placencia, natural de Las Canarias, España, y de quien se conservan sus restos y su gran retrato al óleo, en la Sacristía de la Catedral; los Comendadores y Superiores Guardianes de los Conventos de San Francisco, La Merced y San Juan de Dios; los señores Canónigos del Claustro Capitular, y el no menos Ilustre Maestro de Capilla de la Catedral, don Alonso de Burgos, insigne cantor y organista, pero un guasón andaluz, que por todo y de todos se burlaba y hacía mofa.

Pues bien, el día antes indicado y cuando el vecindario comayagüense se encontraba en sus faenas cotidianas, ocurrió una gran conmoción terráquea que hizo trepidar los edificios, repicar las campanas y echar a tierra casas viejas y mal paradas.

Con semejante catástrofe, muy natural fue que las autoridades eclesiásticas dispusieran lo conveniente, para aplacar la justicia, la ira y el rigor de la Divinidad que había dispuesto así, castigar las culpas y faltas de impiedad de las malas gentes de esta ciudad, que no eran pocas, en aquella época colonial; y así como pensó el señor Obispo Dr. Placencia, así dio las órdenes pertinentes para la práctica de las oraciones y cantos litúrgicos que deberían celebrarse en el atrio de la misma Iglesia de La Merced, bajo la dirección del Guardián del Convento Fray José de las Navas y Castilla, quien era tenido entre sus hermanos los frailes mercedarios, como un santo varón y un eminente teólogo.

Entre otras ritualidades se dispuso llevar al lugar designado o sea el atrio del Convento de La Merced, al Señor de Salamé, milagrosa imagen del Crucificado que se venera en uno de los altares laterales de las naves de la Catedral; pero sucedió, con asombro de todos, que cuando los cargadores del Señor trataron de transponer los umbrales de la puerta mayor, sintieron sobre sus hombros, un enorme peso que los hizo dejar dicha imagen sobre las andas, huyendo despavoridos, quienes sentían que los agarraban por las espaldas.

En vista de este fenómeno, que se reputó como un milagro del Señor, quien parecía que no quería salir de su templo, se volvió a colocar al Cristo en su Camarín, sin que nunca más se haya intentado sacar de su lugar sagrado de la Catedral.

Pero no se crea que hasta ahí se llegó con las ceremonias acordadas en desagravio de la Divinidad, para que aplacara los temblores; pues por mandato del Padre Comendador, Guardián del Convento de La Merced, se mandó colocar a la milagrosa imagen de Nuestra Señora de las Mercedes del Rescate, en un altarcito levantado en el atrio de dicho templo, con los brazos extendidos hacia el pueblo, como en actitud de imploración, para que cesaran los espantosos temblores.

Asimismo se dispuso colocar una bandeja de plata al pie de la Santísima Virgen, para que allí los fieles, depositaran sus limosnas; pues éstas, según manda la Santa Madre Iglesia, deben darse con devoción y buena voluntad, como reza una leyenda de una de las alcancías de la Catedral que dice:

Dando limosna se saca ánima del Purgatorio, por lo que es obvio y necio hablar de su importancia, y todos los que somos buenos católicos debemos dar limosnas, para cualquier fin religioso, so pena de ser condenados a sufrir chamusquinas en los antros ígneos del Purgatorio.

Es el caso que una vez que todo estaba preparado, para los actos de desagravio, y que la bandeja de plata estaba en su lugar, para recibir las piadosas limosnas, el Sacerdote Maestro de Ceremonias, anotó la Antífona Ecce Signun Crucis, a lo que respondió el Coro de Cantores, Venite Adoremus; el Sacerdote, repitiendo la Antífona y dando tres pasos al frente, llegó hacia el Crucifijo que estaba a los pies de la Virgen, y haciendo una reverencia, besó los pies del Crucifijo y depositó su limosna.

En seguida le tocó el turno de la adoración a los demás sacerdotes, repitiéndose las mismas ceremonias y cantándose la misma Antífona; pero en esta vez, y cuando el Maestro de Ceremonias entonaba el Ecce Signun Crucis, el Cantor guasón se dirigió al pueblo, entonándose a todo pulmón y haciéndose señas llamativas: "Venite Adoremus y aquí te queremus…".

Demás está decir que tal acto de sacrilegio causó, en unos, tremendas carcajadas y en otros, indignación y pavor, porque se temió que la Divinidad, podría haber mandado peores castigos, en vez de aplacar la ira y rigor, en aquellos momentos de aflicción.

Afortunadamente nada sucedió de lo que se temía, y antes bien, los terremotos y temblores cesaron y no volvieron a repetirse, debido a la milagrosa intercesión de Nuestra Señora de Las Mercedes del Rescate.

LA COLUMNA DE FERNANDO VII

Respuesta a una carta del Profesor José V. Vásquez, que
DIARIO COMERCIAL publicó el año pasado.

Con el profesor don José V. Vásquez

Muy interesante es el artículo que, sobre el particular, ha
publicado en Diario Comercial nuestro buen amigo, el Profesor don
José V. Vásquez, relativo a la construcción de la Columna Fernando
VII, en la Plaza de La Merced o Plaza de la Constitución de 1812,
hoy Parque Calderón, de esta ciudad de Comayagua.

Es incierto que el Gobernador de la Provincia, señor Urrutia,
haya intervenido en la erección de la famosa Columna, la que aún se
encuentra, gallarda y hermosa en esta ciudad, desafiando la acción
destructora de los siglos; y aún más incierto es que el llamado
Alférez Real, don Juan Lindo, haya mandado a erigirla, en
cumplimiento de instrucciones del Ayuntamiento Colonial de
entonces, ya que dicho Ayuntamiento, como los demás del
Virreinato de Guatemala, nunca tuvieron Alférez Reales, los que
pertenecían, solamente a las fuerzas de mar y tierra.

La mencionada Columna tiene en la cara frontal que da hacia el
templo de La Merced, una lápida de piedra en forma ovalada, en que
se ven esculpidas en bajo relieve, una corona y el año de 1812, que
fue la fecha de la erección.

Y, naturalmente, esa fecha grabada en la columna, hace más fe
que la transcripción hecha por el Profesor Vásquez, de un folleto
escrito por el Doctor don Rómulo E. Durón, en el que asegura este
connotado historiador nacional de tal Columna fue erigida por orden
del Ayuntamiento Colonial de esta ciudad en 1820, según planos
encontrados, según afirma el Doctor Durón, sin comprobación
alguna, en los archivos de Sevilla.

Con respecto a la construcción de la fachada del edificio del
Ayuntamiento Colonial, me permito manifestarle al estimado amigo

Profesor Vásquez, que tampoco es cierta la afirmación hecha por el Doctor Durón, al decir que tal fachada fue construida por el mencionado Alférez señor Urrutia, de orden del Ayuntamiento; pues el antiguo edificio colonial existió reedificado hasta el año de 1880, con su frente en forma de portales hacia la Plaza Principal, hoy Parque León Alvarado; y en el mencionado año fue demolido el viejo y colonial edificio, para edificar, de 1880 a 1881 el actual Palacio Municipal o Distrital, bajo la dirección del Ingeniero Civil don Eduardo P. Mayes, quien se sujetó en la construcción a los planos que le facilitó el Ingeniero Federico Fiallos, graduado en Bruselas, Bélgica, a imitación de un hermoso edificio belga.

Y aunque se haya afirmado por el historiador Doctor Durón que la fachada del edificio municipal fue mandada a construir por el Alférez señor Urrutia, según los planos que se encuentran en los archivos de Sevilla, tal afirmación me recuerda la ocurrencia del festivo escritor español don Luis de Oteyza, quien dice que sus compatriotas, cuando hacen algunas afirmaciones históricas incomprobables, se valen de la muletilla de que los originales o antecedentes se encuentran en los archivos de Simancas… al cual ni las mismas ratas bibliotecarias, les pueden hallar fondo… mucho menos los que ni conocemos ni vivimos en Simancas… ni hemos frecuentado sus archivos…

Con relación al fondo histórico de las Tradiciones Comayagüenses que hemos publicado y se seguirán publicando en Diario Comercial, si el bondadoso periódico lo permite, nos permitimos manifestar, a manera de aclaración, que todas ellas llevan un fondo de verdad, un algo sensacional que ocurrió en aquellos tiempos coloniales; pero, naturalmente, hay que tomar en cuenta que las tradiciones son también hijas de la poesía y de la ensoñación que sirven dar vida a las bellas creaciones de la novela histórica que tan genialmente cultivaron los Walter Scott, los Dumas y los Fernández González.

En las tradiciones populares, no solamente hay que saberles dar el verdadero colorido local, sino que también, hasta en el lenguaje, hay que saber la pureza del idioma, en su oportunidad, para poner en boca de los personajes folklóricos, frases de riguroso provincialismo. Debiendo ser el estilo, ligero, con sobriedad en las descripciones y rapidez en el relato; siendo sencillo el diálogo, o como afirma un escritor sudamericano: "Novela en miniatura" o "Novela Homeopática".

Mientras que en los relatos históricos debe campear siempre la severidad en la verdadera narración y completo aplomo en el raciocinio, para presentar los hechos ocurridos, en su entera desnudez, sin flores de imaginación que tanto cuadran en los relatos folklóricos o leyendas regionales.

LOS MILAGROS DEL NIÑO DE ATOCHA

En una vetusta casa del Barrio Abajo, de esta ciudad, pasaba sus últimos abriles, que no eran menos de los ochenta y siete, una santa y buena viejecita, llamada Pana Cabrera, quien era muy devota del Santo Niño de Atocha, de quien decía ella que era su esclava, por lo cual vivía, tanto de día como de noche, rezándole y encendiéndole candelas del paisano sebo, pues sabido es que en aquellos tiempos no se conocía el gas ni las estearinas, ni mucho menos las bujías incandescentes, como sucede en este siglo llamado de las luces; y en todas sus oraciones y rezos, la buena viejita, siempre intercalaba esta petición, a manera de estribillo:

"Santo y Divino Niño de Atocha, no permitáis que yo muera sin verte colocado en este tu humilde altarcito, pero esculpido de bulto, vestido de reluciente capa, con tu corona de oro y tu cetro de blanco marfil…".

Al fin, y después de tantas plegarias, el Padre Celestial, quien es el mismo Santo Niño de Atocha, oyó los ruegos de su buena devota, concediéndole la merced que le pedía; y fue así que un día, después de la caída de gran aguacero, en el que hubo truenos y relámpagos, penetró a la casita de la fiel devota, un rayo de deslumbrante luz celestial, apareciendo en el altarcito, entre lindas y fragantes flores, la preciosa efigie del Santo Niño, con su corona de oro, su galoneada capa y su cetro de blanco marfil.

¡Qué contento de la viejita!, y con la novedad de tan celeste aparición, en el altar de la casita de Pana Cabrera, llovieron los devotos y peregrinos, tanto de esta ciudad, como de los pueblos más apartados del departamento, lo cual constituyó una buena fuente de relucientes pesetas.

Un día, llegóse al altar del Divino Niño un extranjero arruinado, a quien llamaban Míster Tronche, de nacionalidad polaca, quien puesto de rodillas, ante el milagroso Niño, y con los brazos extendidos, exclamó: "Santo Niño de Atocha, que estás tan a gusto y contento, entre rosas perfumadas, bien abrigado con buena y reluciente capa, y sin encontraste como yo me encuentro, casi en cueros y con los zuecos destrozados, sacadme de esta espantosa miseria en que vivo, pues como buen cristiano que soy no merezco esta suerte perra en que me encuentro…

¿Me estáis oyendo, Divino Niño? ¿Me concederéis la gracia que Os pido?

El Santo Niño, sin chistar palabra, porque los Patrones Celestiales, si bien es cierto que conceden mercedes cuando se las piden, no las publican, meneó la Divina Cabecita, como para significar que concedía lo que se le pedía.

Maravillado el polaco del milagro concedido por el Santo Niño, no quiso dejar de pasar la ocasión de pedirle otras mercedes, ya que el Niño estaba en hora propicia para conceder favores, ni más ni menos, así como ocurre con los patrones terrenales, a quienes hay que velarles las horas para impetrarles favores.

"¡Divino y Milagroso Santo Niño de Atocha!: no te enfades, y concédeme otra gracia, y es la de que yo pueda encontrarme realitos, para casarme con ella: que me quiera mucho y que yo también la quiera mucho; pero eso sí, Santo Niño, que no vaya a venir con la manzana picada de los pájaros, porque eso nos traería serias complicaciones conyugales".

¿Me has oído, Divino Niño?

Por segunda vez, el Santo Niño meneó la cabecita, en señal afirmativa, concediéndole al polaco la gracia que le pedía.

Encantado, se dijo éste; y reflexionando en seguida que en el pedir y prometer no hay ninguna ofensa, dispuso tantear otra morrocotuda petición al Patroncito Celestial, ya que estaba tan bueno y tan bondadoso.

VOS, Santo Niño, que sois Rey de Reyes, tanto en el Cielo como en la Tierra, te pido, muy devotamente, que me concedáis otro favorcito, y es el de que yo pueda hacer buenas diligencias y negocios, con el pistillo que aporte mi mujer, de tal manera que, con los años, sea yo el mortal más pudiente de esta ciudad y de sus contornos, hasta cuarenta leguas a la redonda.

Por tercera vez, el Santo Niño, con su bondad y mansedumbre infinitas, concedió al devoto polaco, la gracia pedida de hacerlo rico, meneando la cabecita, así como lo había hecho anteriormente.

Pero, como la avaricia no tiene límites, y sabido es que el que es gorrón, cuando consigue como uno, quiere conseguir como ciento, es el caso que el consabido polaco volvió a la carga, diciéndose im péctore:

"A Roma por todo, y el que no arriesga ni gana ni pierde", y entonces le soltó al Santo Niño, esta última petición, y es que después de que me haya hecho rico: que haya gozado de mis riquezas y ya no tenga más pitos ni flautas que tocar en este mundo, me llevés al Cielo, en donde me reservéis, a mí y a mi mujer, un campito que esté algo cerca del Trono del Padre Eterno, para que, desde allí, podamos gozar de las bienaventuranzas celestiales y de la Sacrosanta Visión Beatífica…".

Pero, entonces, el Divino Niño, que tan bondadoso se había portado con el polaco, se irguió violentamente, cambiando de actitud humilde, y con el Cetro de Marfil levantado, en actitud amenazadora, le respondió al polonés, diciéndole:

"Nequaquan, Nequaquan dígote Nones, porque escrito está que al Reino de los Cielos no entran los ricos que como tú, desean amasar fortuna, llenos de avaricia que es un pecado mortal… ¡Con que, anda, anda mísero polaco y no vuelvas importunamente…".

El desventurado hombre se llenó de terror y espanto, cayendo desmayado al suelo, y al levantarse ya no pudo volver a ver al Santo Niño; y después de golpearse el pecho y la cabeza, salió de la casita de la devota Pana Cabrera, en vertiginosa carrera, para continuar vagando por esos mundos de Dios, arrastrando su suerte perra y maldiciendo su avaricia…

EL DUENDE EN EL BARRIO ABAJO

[Relato verídico]

En una de las noches del mes de marzo del año de 1879, se extendió por toda la ciudad, la alarmante noticia de que en casa de la familia Salinas, del Barrio Abajo, había aparecido el Duende con el nombre de Domingo, quien andaba en persecución amorosa de una bonita muchacha llamada Manuela, a quien los enamorados del barrio llamaban Manuelita Sonrisas, porque era muy sonriente y coquetuela con quienes la piropeaban.

Como la mamá de Manuelita era mujer instruida en primeras letras, fue nombrada Maestra de la Escuela de Niñas de un pueblo inmediato, a donde se fue con su preciosidad la Manuelita Sonrisas.

Al saberse en el pueblo el azoro del Duende, cundió la alarma y el pánico, por lo que el señor Cura, trató de conjurar el maleficio, regando agua bendita en la casa y rezando los exorcismos aconsejados en el Ceremonial de Párrocos; pero el mal no cesó y el Duende siguió con sus diabluras nocturnas, cada vez que Manuelita se quedaba en trance de maleficio y hechicería...

Desesperada la pobre madre, de las persecuciones de Domingo, se vino a esta ciudad, con su hija Manuelita; pero cuando menos se esperaba hizo su aparición Domingo y comenzaron las persecuciones, silbidos, piedritas y arenas que se arrojaban, por supuesto, no a Manuelita, sino a la pobre y atribulada madre, quien huía de la casa, para refugiarse en las casas vecinas a donde no llegaba Domingo, sin duda por temor a las palmas y aguas benditas que se regaban, para evitar su llegada...

Una noche cundió la alarma en la ciudad, y las gentes corrieron a la casa del azoro, en donde se oían los silbidos, gritos estridentes y sonidos de cuerdas, oyéndose por fuera de la casa los silbidos que claramente pronunciaban el nombre de Domingo, y era tanto el azoro que nadie se animaba a entrar a la casa; pero al fin de pareces y discusiones, se presentó un valiente muchacho del Barrio Arriba llamado Olayo, quien, armado de un largo estoque y con el mayor sigilo, se introdujo por la ventana de la cocina, y a tientas fue caminando poco a poco, con la suavidad y astucia del gato, hacia el lugar oscuro donde salían los silbidos y gruñidos del Duende; y cuando el valiente Olayo calculó que tenía a mano a Domingo, se lanzó sobre él y lo apechugó, arrojándolo al suelo, y poniéndole el estoque en el pecho, le dijo: "Farsante ¿Quién sos? Si no me decís tu nombre, te hundo el estoque…".

—¡Ay, hermano! —contestó suavemente el Duende, yo soy—… y le dio su nombre, diciéndole compungido y humillado: sálvame de la chusma; que si me halla en estos líos que son más bien peripecias amorosas y no actos de bandidaje, me van a destrozar y no me dejarán hueso bueno; acuérdate que dice un sabio que "Donde hay hombres no mueren hombres"; pero te juro que, si ahora el amor me ha conducido a hacer estas travesuras y picardías, quizá después, mis pasos se encaminarán por otras sendas de honor y virtud…

Aquellas frases del atribulado Duende, impresionaron a Olayo, quien reflexionó que si ponía al farsante en manos del populacho, en aquellos momentos de indignación y de burla a una afligida madre, podría haber sido asesinado, entonces le dijo: "Levántate, muchacho pícaro, anda luego y vente conmigo, sígueme"; y ambos, calladamente, salieron por la ventana de la cocina trasera, sin que nadie se diera cuenta; mientras que el populacho, impaciente, al ver la tardanza de Olayo, trataba de forzar las puertas de la casa.

Al siguiente día, apareció de plantón, en la muralla del cuartel principal, un estudiante del Colegio Tridentino, de orden del Comandante y Gobernador, don Francisco Bardales, a quien había denunciado el hecho, el valiente Olayo.

Demás está decir que Domingo ya no volvió a importunar a la pobre y desgraciada familia; pues el Duende resultó en lo que resultan todos los azoros del vulgo; aunque Manuelita Sonrisas, cada día que pasaba, aumentaba sus redondeces de vientre.

Y, por lo que hace al travieso Duende, algunos años después reanudó sus estudios en el Tridentino, con toda dedicación y vocación sacerdotal, hasta que pudo coronar su carrera de Presbítero, en la que brilló por sus virtudes y austeridad; siendo, además, un decidido protector de la instrucción pública, al grado de que fundó, a sus propios esfuerzos, un buen colegio que bautizó con el nombre de "Los Infantes de Colón".

Brillante ejemplo que enseña a las sociedades a no menospreciar ni abandonar a los muchachos que son calaveras en su infancia o juventud.

PÉRDIDA DE LOS AZOGUES DE LA CAJA REAL

[Verídico]

El día domingo 20 de noviembre del año 1542, se emitieron en España las famosas Ordenanzas de Barcelona, por reiteradas gestiones del inolvidable Fray Bartolomé de las Casas, las que crearon el Tribunal americano conocido con el nombre de Audiencia de los Confines, integrado por cuatro Oidores Letrados, siendo su Presiente el Licenciado don Alonso de Maldonado, señalándose esta Villa de Valladolid como asiento del Tribunal; pero, por razones desconocidas, se trasladó dicho asiento a la Villa de Gracias, el 16 de mayo de 1544.

Pues bien: cuenta la tradición, relatada por un tal Jaime Mosquera, quien entonces desempeñaba el triste oficio de carcelero, según pudimos ver en unos papeles manuscritos que nos mostró el inolvidable Dr. Manuel Francisco Vélez, Obispo de Comayagua y de quien fuimos su Organista en esta Santa Iglesia Catedral, allá por el año 1890, cuyos papeles han de conservar sus herederos, que un día lunes 14 de mayo de 1544, llegaron a esta Villa de Valladolid, los Oidores Don Diego de Herrera, Don Pedro Ramírez de Quiñonez y don Juan Rogel, quienes encontraron instrucciones escritas, dejadas por el Licenciado Maldonado, para que, sin pérdida de tiempo, procedieran a practicar un arqueo o reconocimiento de los azogues que se guardaban en una de las grandes pilas de la Caja Real, y que, después de practicar el arqueo, emprendieran su marcha para la Villa de Gracias.

En cumplimento de tales disposiciones, los Honorables Oidores se constituyeron en el edificio de la Caja Real, cuyos muros e inscripciones aún se encuentran en esta ciudad; y habiendo hecho el prolijo examen de libros y facturas, se constató que las existencias del azogue ascendían a ocho quintales castellanos.

Acto continuo, el Guardián procedió a quitar cerrojos a las tapaderas de las pilas que guardaban el metal, y al levantar la tapadera, vieron con asmbro que allí en la pila no había ni un gramo de azogue, pues como cosas de encantamiento había desaparecido, sin que le Guardián ni nadie diera razón de este extraño desaparecimiento.

El pobre Guardián, al ser interrogado bajo amenazas, se puso mudo y trastornado, pronunciando palabras incoherentes, asegurando que era inocente y que no se explicaba aquella desaparición; pero las autoridades coloniales y jefes de la Caja Real, temiendo que la Corona los hiciera responsables, declararon culpable del robo, con abuso de confianza, al infeliz Guardián, habiéndolo condenado a ser ahorcado en la Picota Pública de esta Villa, existente en la Plaza de La Merced, hoy "Parque Calderón", previo el desollamiento de las palmas de las manos, por la cual se hicieron llegar dos barberos de la Guardia colonial, quienes armados de navajas filudas, procedieron a desollar al infeliz Guardián, ahorcándosele en seguida, en presencia de números público, por ladrón de los tesoros del Rey.

Pasados algunos días después de este desgraciado suceso, uno de los oficiales de la Caja Real descubrió unas imperceptibles grietas en el fondo de la gran pila, y se constató por peritos que por allí se había escurrido el precioso metal, yéndose a sepultar en la tierra.

Todavía, cuando se hacen excavaciones en dicho vetusto edificio, se encuentran partículas de azogue.

Pero el pobre Guardián, ni con éstas ni unas cuentas misas y rogativas que se mandaron a decir en desagravio de su condena infamante, no revivió, quedando tan muerto como cualquier hijo de vecino.

LAS TINIEBLAS DE LA CATEDRAL: ATERRADORAS CEREMONIAS LITÚRGICAS

En aquellos esplendorosos tiempos de Comayagua, en los que las festividades religiosas se celebraban con gran pompa y esplendor, los Ilustres Obispos, rodeados del Capítulo de Canónigos, del Clero y de los Seminaristas, asistían a la Santa Iglesia Catedral, durante los grandes días de la Semana Santa, a celebrar las ceremonias litúrgicas de Las Tinieblas, yendo revestidos con sus ornamentos pontificales, capitulares y sacerdotales, respectivamente.

Asimismo, asistían a las ceremonias, muchos fieles y aun gentes curiosas, tanto de esta ciudad, como de otras partes que venían a pasar las fiestas de la Semana Santa.

Como a eso de las cinco de la tarde, llegaban a la Catedral, el alto Clero y el Colegio Seminario, precedidos por el Señor Obispo, dirigiéndose al Coro de los Presbíteros, en donde tomaban asiento, colocándose el señor Obispo en su sillón, bajo sitial; los reverendos Canónigos y el señor Vicario Capitular, en sus respectivos sillones; los sacerdotes, seminaristas, acólitos y perdigueros, en los demás asientos del Coro; y los cantores y el organista estaban en el coro alto, bajo la dirección del Maestro de Capilla.

Abiertas las ceremonias litúrgicas por el Prelado que las presidía, se entonaban Antífonas a canto llano o gregoriano, el cual es el canto tradicional de la Iglesia Católica, que se caracteriza por la notación neumática, la tonalidad diatónica pura y el ritmo fundado en la acentuación y división de la frase.

Todo el Coro Eclesiástico, lo mismo que el Coro de Cantores, contestaban las Antífonas, con el mismo canto gregoriano, quejumbroso y triste.

La Catedral, con su formidable resonancia, repercutía aquel solemne canto de pasión que significaba las lamentaciones de Jeremías contra Jerusalén.

Bajo las enormes bóvedas de la Catedral, entre las sombras de la tarde agonizante de aquellos días santos de pasión, y con aquellos formidables cantos monótonos del clero enlutado y encapuchado, el espíritu de los fieles asistentes a las ceremonias, se sobrecarga de terror y espanto.

Frente al altar del mártir San Bartolomé, estaba colocado el gran Candelabro, formado por una gran base o peana, de la cual se elevaba una columna octagonal como de cuatro metros de altura, estando colocado en su remate, un gran triángulo de madera, artísticamente calado y tallado, el cual tenía seis porta candelas a cada lado, más otro en el vértice superior del triángulo.

Las doce grandes candelas de cera blanca que se encontraban encendidas en dicho Candelabro, representaban los doce Apóstoles que acompañaban al Nazareno, y la del vértice superior, representaba al Divino Maestro, quien oraba en el Huerto de los Olivos.

Todos los altares de la Catedral estaban cubiertos con grandes lienzos negros en señal de duelo por la Pasión de Jesús Nazareno.

Al final del canto de cada Antífona y al repique de una pequeña matraca de mano, se apagaba una candela del Candelabro, continuándose así las ceremonias, hasta que se habían apagado todas las candelas, demostrándose con esto que todos los Discípulos que estaban acompañando al Maestro, lo abandonaron en aquellos lances de amargura y de dolor, no quedando más que una candela encendida en el vértice superior del Candelabro, significándose con esto que el Nazareno continuaba impertérrito en sus oraciones y agonía de sudor y sangre.

El Clero, en aquellos momentos, entonaba a grandes voces, un canto acompasado, de agonía y de Profundis, cuyas voces iban apagándose lentamente, a medida que se iba ocultando, tras el Candelabro, la última candela que había quedado encendida, alumbrando las espaciosas naves de la Catedral, significándose con aquellas ceremonias, los últimos destellos de la preciosa vida de Jesús Nazareno que se eclipsaba en aquellos tétricos momentos, quedando el espacioso recinto del templo en profunda obscuridad; y entre la ansiedad y el terror, comenzaba el estruendo de Las Tinieblas, en el que retumbaban las naves del templo, a causa del enorme ruido ensordecedor que hacían los sacerdotes oficiantes, al hacer chocar estrepitosamente los asientos movedizos de madera de las sillerías del Coro; y, naturalmente, aquel enorme ruido, agrandado por la resonancia de las espaciosas bóvedas y naves central y laterales de la Catedral, semejaba todo aquello el estruendo de un terremoto o el desplome de la montaña…

Los espíritus pusilánimes de los fieles que habían concurrido las ceremonias, quedaban aterrorizados, al grado de que en más de una ocasión, hubo que sacar desmayadas a algunas personas, quienes salían dando gritos de terror y espanto.

Al final de las ceremonias se volvía a colocar, sobre el vértice superior del Candelabro, la candela que se había ocultado por último, la que aparecía con su luz radiante, significándose con esto que, Jesús, Luz del mundo, no se había extinguido ni podrá extinguirse jamás, quien seguirá alumbrando al mundo, a través de toda la eternidad…

Al terminarse las últimas ceremonias litúrgicas y rezarse las últimas preces, tanto el Sr. Obispo, como los reverendos Canónigos, el Clero y los seminaristas, salían a la Catedral, en completa formación; y con pasas acompasados, se dirigían silenciosamente al Palacio Episcopal, en donde se quedaba el Diocesano, quien con su báculo en la siniestra, daba sus pontificales bendiciones, tanto el Clero como a los fieles que habían seguido el cortejo.

DRAMA POPULAR LOS DIABLITOS: LUCHA ENTRE MOROS Y CRISTIANOS

Sabido es que el Cristianismo fue horrorosamente perseguido por los emperadores paganos del Bajo Imperio Romano; habiendo llegado las persecuciones y martirios de cristianos, a su período álgido, durante el reinado de Diocleciano (284 a 305 D. de J.C.) por lo que los cristianos llamaron a aquel nefasto tiempo, "Era de los Mártires".

Diocleciano abandonó el Imperio de Occidente, a Constancio, a Cloro y a Galerio, organizando así una Tetrarquía; y para satisfacer los deseos sanguinarios de Galerio, intensificó las persecuciones de los cristianos.

El Emperador Diocleciano tuvo como Capitán de sus Guardias Pretorianas, al gallardo y valeroso Sebastián; y un día éste, atraído por las predicaciones de los cristianos, entró en explicaciones con ellos, quienes le enseñaron los misterios y bellezas del Cristianismo.

Otro día, uno de los espías del Emperador Diocleciano, sorprendió al Capitán Sebastián a la salida de las Catacumbas, que eran los lugares de oración y penitencia de los cristianos, y aquel espía fue a delatarlo ante el Emperador, quien lo destituyó del mando de Capitán de la Guardia, y lo mandó a atormentar en un madero, en donde lo traspasaron con flechas y saetas, hasta hacerlo expirar. (288 D. de J.C.).

Pues bien, la leyenda forjó de aquel sangriento drama, la representación popular conocida con el nombre de Los Diablitos de San Sebastián. Los cuales se representan o se bailan, como dicen las gentes del barrio, en el atrio de la iglesia de San Sebastián de esta ciudad.

Cuentan las tradiciones, que cuando la mula que traía la caja del Santo, divisó la colina en que se edificó posteriormente el templo, partió en carrera abierta hacia dicha colina, y al llegar a la cima, se echó con todo y su santa carga, lo cual dio motivo a cavilaciones y comentarios que culminaron en que las autoridades eclesiásticas, mandaron a edificar el templo en dicho lugar, cumpliéndose así, la voluntad que se suponía del Santo Sebastián.

Los personajes del drama de Los Diablitos, son los siguientes:
Moros
Emperador Diocleciano, Capitán Galerio, Próstimo, Magencio, Trajano y Carión.
Cristianos
San Sebastián, Capitán Constancio Cloro, Escipión, Severo, Colatino y Próculo. (Paganos, Pretorianos, Máscaros y Tambores).

Los moros van vestidos con trajes de pretorianos, y los Cristianos con trajes blanco y negro.

Los paganos, Pretorianos y Máscaros Diablitos van disfrazados con camisas y bombachas de color, cortos, con medias y sandalias, llevando sobre la cabeza, turbantes y morriones.

Tanto Moros como Cristianos se colocan frente a frente en hileras, armados, los primeros, con espadas, y los segundos, con estoques largos.

Los diablitos lleva azotes y chinchines o cascabeles que hacen sonar al ejecutar sus bailes y evoluciones.

Por no hacer largos estos relatos, solamente se insertan las principales relaciones del drama, así:

Capitán Galerio (frente al Emperador): Esta raza de cristianos que se extiende en el imperio, con desprecio de Galerio y mengua de Diocleciano, hace burla de los dioses; y con embustes odiosos, un judío patibulario que murió por transgresor, dicen que es el Salvador de todo el género humano.

Ya verán que esta mi mano lavará con sangre impía, la malvada picardía, con que engañan y pervierten.

¡Consejeros del Imperio: ayudadme a esta empresa, para que Augusto merezca el nombre de Emperador!

Diocleciano: En este augusto lugar del Imperio, Sacro Asiento, para eterno Monumento del Poder y Majestad, haré que mi voluntad sea de todos acatada, en el mundo reparada, por la Tierra y por el Mar.

Mi poder ha de forzar la pertinacia insolente, de que esta atrevida gente que se pretende burlar de los Dioses inmortales.

Abrid, pues, los Tribunales, sabios, Prefectos Romanos, y obligad a los cristianos a que adoren Sacros Dioses o que en suplicios atroces, expiren por inhumanos.

Capitán Galerio (al Emperador): Soberano Emperador: los Dioses del Sacro Imperio no sufren el vituperio que les hacen los cristianos, con sus ritos inhumanos de su falaz religión; ha llegado la ocasión de castigar esa gente, y con mano prepotente reprimir su villanía;

¡Destruid esa raza impía y aplacad a nuestros Dioses…!

Emperador Diocleciano: Calla, no digas más; recuerdo que un Capitán de mi Guardia Pretoriana que se llama Sebastián, ha abrazado el Cristianismo; y deseo que ahora mismo reniegue su religión, y se rinda a la razón, en el Solio Soberano; y con poderosa mano quiero hoy mismo decretar y mandar ejecutar la muerte de Sebastián.

Vos haréis que se presente y le diréis que, indulgente, seré con él y su raza si ahora mismo, en la plaza, con entera voluntad, incensa la Majestad de los Dioses inmortales…

Capitán Sebastián (ante los cristianos):
Constancio y amigos cristianos: Diocleciano quiere verme y supongo quiere hacerme que reniegue al Redentor, al Glorioso Salvador y a la fe que le he jurado; pero estoy ya preparado, para morir con valor; pues no le temo al dolor que me dice hacer sufrir.

Ayudadme hoy a pedir a la sabia Providencia que me ampare este día para enfrentar la porfía del Augusto Emperador.

Capitán Sebastián (en presencia del Emperador): Soberano Emperador: a tus órdenes, atento, me presento, Gran Señor; y por el grande favor con que me habéis distinguido, respetuoso he concurrido, de Galerio a su llamado.

Emperador Diocleciano: En Roma corre el rumor que despreciando mi ley, habéis elegido Rey; que despreciando los Dioses, protectores del Imperio, tenéis otra religión.

A que estas razones son el motivo que os llamo; Sebastián: está en mi mano ensalzarte o confundirte.

Quiero, pues, ahora exigirte que dejéis tu religión, confiesa que no hay razón, para adorar otros Dioses.

Sebastián: Oye, Augusto Emperador: si yo adoro al Redentor, en nada tu ley desprecio, ni como hombre injusto y necio desacato la Nación, hago uso de mi conciencia, y con toda la prudencia que enseña mi religión, no desprecio la ocasión de cumplir, como soldado, y la fe que os he jurado, mi obligación y mi deber.

El Emperador Diocleciano: Nada de eso estimo yo, si sois imbécil, cristiano; y mira que está en mi mano el subirte a grande altura o morir con amargura, en suplicios inhumanos.

Capitán Sebastían: ¡Me exigís un imposible, poderoso Emperador…!

El Emperador Diocleciano: Calla, mísero cristiano; ¿eso decís, infeliz, ante el Poder Soberano de mi Augusta Majestad?

Castigaré tu maldad…

Venid, soldados paganos, quitadle de mi presencia, castigadle su insolencia con suplicios inhumanos.

Atadle los pies y manos, asegurad bien su persona, quiero ver la corona que le prepara su rey; despreciador de la ley, soldado falso y aleve, que te defienda la plebe, infeliz y miserable…

Después de los suplicios de Sebastián, éste muere atormentado en un madero, por lo que se desarrolla ruda pelea entre moros y cristianos.

A medio combate, el Emperador Diocleciano, atormentado por agudos remordimientos, por la muerte del valeroso y gallardo Capitán, corre y va a interponerse entre los combatientes, a quienes apostrofa con esta relación:

Dejad la ruda pelea, no corra ya tanta sangre, pues todos sois mis vasallos.

Ya la Cruz con sus rayos el alma me ha penetrado y me tiene traspasado de su verdadera luz; ya el Imperio de la Cruz me exige con blanda paz y perpetua caridad, me humille a la voluntad de la razón al compás.

¡Oh Constancio valeroso: mi corazón siento arder y detesto ya el Poder que antes me hizo caprichoso, cristiano pretendo ser: y que ese Santo Capitán, ese Santo Sebastián, me proteja con su luz, para llegar hasta la Cruz en que murió el Redentor...

El emperador Diocleciano, tomando en la diestra el estandarte de los cristianos, se pasa al campo de éstos; y después del combate, en que han chocado las armas cristianas y moras, quedan los cristianos dueños del campo, en el que enarbolan el estandarte inmortal del Cristianismo...

Comentario: El autor de este drama popular, don Gregorio Donaire, de esta ciudad, hace aparecer al Emperador Diocleciano, como convertido a la fe cristiana, lo que no ocurrió: pues Diocleciano, a los veinte años de gobierno, abdicó el Imperio (305 años d. de J. C.), retirándose a Salona, quedando Galerio, Constancio y Cloro, elevados a la alta dignidad de Augustos; y al año siguiente que murió Constancio, le sucedió en el Poder su hijo Constantino, quien fue convertido al Cristianismo por su madre la Reina Elena.

Constantino se puso al frente de las huestes cristianas, habiendo derrotado a Magencio en el río Mincio, quedando así, dueño del Imperio de Occidente, habiendo decretado el célebre Edicto de Milán, en el que estableció la libertad religiosa, por lo que sobrevino el definitivo triunfo del Cristianismo, en el inmenso y prepotente Imperio de los Césares Romanos.

SACERDOTE PRESO CON FRENO DE PLATA EN LA BARTOLINA

Durante el Pontificado del muy Ilustre señor Obispo, Licenciado Cristóbal de Pedraza, cuyo retrato al óleo se conserva en la Galería de Obispos de la Catedral, ocurrió un gran escándalo en la ciudad, por el hecho sin precedente en los anales eclesiásticos del Episcopado comayagüense, de que un Sacerdote de apellido Morejón, natural de Bajadós, España, tuvo la debilidad de revelar los secretos de la Confesión de una dama linajuda, esposa de uno de los jefes coloniales, cuyos secretos se relacionaban con ciertos amoríos ilícitos que dicha dama tenía con uno de los Alférez de la guarnición colonial de esta ciudad.

Por la indiscreción del confesor, se produjo un gran escándalo entre las familias de la dama y las del Alférez, lo que dio motivo para que se concertara un duelo a muerte, entre el esposo de la dama infiel y el susodicho Alférez, dando por triste resultado que aquél, o sea el esposo, perdió la vida en el lance, por haber sido traspasado por el sable del diestro Alférez.

Tan escándalo que conmovió la ciudad, llegó a oídos del señor Obispo Licenciado Pedraza, quien se indignó por la conducta indiscreta del confesor, a quien mandó prender y procesar.

Seguida la información respectiva, de conformidad con las leyes procesales canónicas, se comprobó debidamente el hecho delictuoso, por lo que, el Tribunal que juzgó al confesor, lo condenó a sufrir reclusión temporal en la bartolina de la torre de la Catedral, debiendo soportar, como penas accesorias, por su ligereza en haber relevado los secretos de la Confesión, a llevar dentro de la boca un freno de plata, y a ser alimentado, solamente, a pan y agua, cada veinticuatro horas.

Demás está decir que el desgraciado Sacerdote no pudo resistir por mucho tiempo, tan monstruoso castigo, tanto por las penalidades físicas, como por las penas morales y el arrepentimiento que tuvo, por sus ligerezas, quizá sin haber previsto las consecuencias graves que ocasionaron, y al poco tiempo cayó en profunda postración, enfermando gravemente, y muriendo sin los auxilios de la Santa Iglesia.

Aseguraban los sacristanes y campaneros de la Catedral, que después de la muerte del Sacerdote prisionero, salía una sombra en figura humana de la bartolina, y se dirigía hacia el Sagrario que queda al lado del antiguo cementerio de la Catedral; y frente a la puerta, se hincaba con los brazos extendidos, en actitud de penitencia y oración.

Estas referencias se las dio a mi padre don Felipe Cevallos, su primo hermano Canónigo Licenciado don Manuel Romero, asegurándole que él había leído tales diligencias procesales, y tal como oí relatos, así los cuento en estas crónicas.

EL PASEO DEL PENDÓN

Según cuentan las crónicas de los tiempos de Comayagua Colonial, era costumbre que en los días de las grandes fiestas oficiales o religiosas, se celebrara el tradicional y solemne Paseo del Pendón Real, o como se dice ahora, el Paseo del Pabellón Nacional, con asistencia de altos funcionarios civiles, militares y eclesiásticos, yendo al compás de músicas marciales y cantos populares o religiosos, entre el estruendo de recámaras, cohetes y bombas.

Sabido es, por los relatos históricos y aún por las referencias de los ancianos, que en todas las poblaciones de aquella época colonial, los ayuntamientos acordaban, para solemnizar las grandes festividades, tales como la de la Purísima Concepción, que "las fiestas se solemnicen mucho e que corran toros bravíos e que se jueguen cañas e que todos cabalguen, los que ovieren bestias so pena de ser multados".

De manera que los actos más solemnes, según hemos podido enterarnos por la lectura de unos viejos apuntes encontrados en los papeles del señor Canónigo Licenciado don José Inés Licona, nuestro deudo afín, fueron los celebrados para el Paseo del Pendón Real, que tenían lugar en los cumpleaños del Rey; del Excelentísimo señor Gobernador Provincial; de los Serenísimos Infantes Peninsulares, así como en la famosa procesión del Santo Entierro del Viernes Santo.

He aquí uno de los curiosos relatos de aquellas festividades coloniales: "Se ordena hacer corridas de toros bravíos; e de que los que maten los Espadas se den en regalía a los pobres; e que haiga juegos públicos; e que el Pendón Real se lleve, con la gente de a caballo e de pié, por todas las plazas, calle e Iglesias; e que en estas canten Vísperas solemnes; e que otro día se lleve el Pendón a la Casa de Cabildo, con música, trompetas, atabales e haciéndole balla los Infantes de Regimiento, en donde se guardará con la debida reverencia e cuidados".

También era costumbre inveterada sacar, en la famosa procesión del Santo Entierro del Viernes Santo, el Pendón Funerario con su asta y borlas de plata, el que era conducido por el señor Gobernador de la Provincia, quien lo llevaba caído y de arrastrada por el suelo, en señal de duelo por la muerte del Redentor.

Entre los mencionados papeles, antes indicados, encontrados en los archivos del Canónigo Licenciado Licona, fue hallado uno que fue traído de Roma por el señor Obispo, Doctor Vélez, el cual fue impreso y suscrito por el P. Fray Diego de Valdez fechado en el año 1578, en el que, entre otras cosas, relata: que los Ayuntamientos ordenaban que se jugaran toros: que se hicieran paseos de cañas, carreras de caballos y de alcancías; y que todos, nobles y grandes, se pusieran sus lujosas libreas y flamantes vestiduras; debiendo engalanarse las plazas, calles y casas, con vistosas colgaduras y alfombras: que el Pendón Real, debía conducirse por el señor Gobernador Provincial, yendo a su diestra los Nobles, los Alférez, Alcaldes y Regidores, todos vestidos de Punto en Blanco; y que al llegar el acompañamiento a la Santa Iglesia Catedral, se entonaran las solemnes Vísperas, por la tarde y Maitines por la noche; por todo el alto y bajo Clero, con el debido acompañamiento de músicas, trompetas, chirimías y sacabuches, todo en señal de regocijo popular.

Después de todas esas festividades, tanto en las vísperas como en los días de las fiestas, regresaban todos los del acompañamiento, a dejar su mansión particular, al señor Gobernador Provincial, quien hacía grandes obsequios a la concurrencia, con ricos vinos españoles, conservas, turrones, colaciones y refrescos.

Todos los gastos que se hacían en tales festividades eran naturalmente, por cuenta de la Caja Real, cuyos vetustos muros aún existen en esta ciudad; y los encargados de hacer tales fiestas y tales gastos, tiraban los doblones a manos llenas, sin que nunca faltaran las prebendas de dineros para los muchachos del pueblo y los pobres colonos; habiéndose llegado a tal abuso y exceso en dichos gastos que las Cortes de España, en el año de 1812, decretaron la supresión de tales fiestas del Paseo del Pendón Real.

Pero a pesar de tal prohibición, continuaron las festividades del Paseo del Pendón, aunque sin los cuantiosos gastos, limitándose entonces, en las festividades coloniales, a pasear el Pabellón de la Madre Patria, por las principales calles y plazas de la ciudad: práctica ésta que nuestros pueblos, desde la época colonial federal o republicana, han heredado a aquellos tiempos, por lo que en nuestras fiestas cívicas se pase la Bandera Nacional, al compás de músicas marciales, repiques de campanas y redobles de tambores y cornetas, por las principales calles de ciudades, pueblos y aldeas.

EL OBISPO EMPAREDADO

El año de 1611, ocurrió en esta ciudad el sensacional acontecimiento del emparedamiento del Ilustrísimo señor Obispo, Dr. Don Francisco Gaspar de Andrade, de orden del Gobernador de la Provincia, don Juan Guerra y Ayala, cuyo suceso se narra las diligencias procesales, que el señor Obispo don Juan Merlo de la Fuente, cuyos restos se encuentran depositados en el Sarcófago de los Obispos de esta Santa Iglesia Catedral, mandó levantar en 1625, o sea a los catorce años de haber ocurrido aquel escandaloso suceso que tanto consternó a los pacíficos moradores de la Nueva Valladolid.

Entre las personas que declararon sobre tales escandalosos hechos, figuran el señor Dean de la Catedral, don Pedro de Varela; el Lic. Gabriel del Castillo, el Capitán Marcos de Montalbán, el herrero de la Guardia Colonial, don Rodrigo Pérez, y el Padre Vásquez de Espinoza, quienes relatan los hechos, así: "En el año 1611, sucedió que teniendo un serio litigio el señor Obispo, con el Gobernador Guerra de Ayala, porque éste hizo suyo un litigio que correspondía a la Curia Eclesiástica, y mandó capturar y sacar de la Catedral al presunto culpable, el señor Obispo reclamó al preso y levantó autos sacramentales contra el Gobernador, quien se negó a obedecer las órdenes eclesiásticas, por lo que el señor Obispo le fijó Excomunión Mayor, que mandó publicar en las puertas de todos los templos.

Entonces el Gobernador Guerra y Ayala, enfurecido porque el señor Obispo se negaba a levantarle la excomunión, mandó ponerle guardias en las puertas del Palacio, con órdenes terminantes de no dejar entrar ni salir a nadie ni que le metieran bastimentos ningunos, y ordenó, asimismo, para que las mulas de silla y animales que salieran de dicho Palacio a beber agua del río o a traer leña, tampoco las dejaran entrar; y conociendo los sirvientes del Obispo tan gran necesidad en que estaban, buscaban fuera de la ciudad, pan y carne que echarle de noche, por sobre las paredes, para que el Obispo y su gente que estaban adentro del Palacio, se sustentaran; proveyendo Dios en esta necesidad, mandó poner una gran nube cargada de agua, sobre el Palacio, la que llovió torrencialmente y se socorrieron todos los de adentro".

Los criados del señor Obispo dispusieron darle fuego a la puerta que queda al lado del río (hoy frente al presidio), pero al saber esto el férreo Gobernador, mandó tapear todas las puertas con adobes y lodo, para hacer verdadera y efectiva la prisión del desgraciado señor Obispo.

El cautiverio duró siete días hasta que varios sacerdotes y personas piadosas extrajeron al señor Obispo, por el techo de su Palacio, valiéndose de una escalera de cuerdas y lo sacaron fuera de la población, asegurándose que iba tan agraviado el señor Obispo que cuando se vio libre ya en las afueras y en el camino de San Sebastián, se quitó las sandalias y al sacudirlas, echó esta maldición a Comayagua: "De este lugar no quiero llevar ni el polvo en mis sandalias: y de hoy en adelante, en sus campos nacerán solamente, espinas y abrojos..." (Relato encontrado en las diligencias que extractó el Padre José Araque, siendo escribientes los seminaristas Luis Ortega y Antonio Aguilar).

Al poco tiempo regresó el señor Obispo, cuando supo que la Real Audiencia de Guatemala, destituyó al Gobernador Ayala, mandándolo procesar; y después de levantarle a Comayagua la injusta maldición, murió en esta ciudad, estando enterrado en la Iglesia de La Merced, cuya lápida conserva sus inscripciones casi borradas por la acción destructora de los tiempos.

El Padre Vásquez Espinoza, dice en su relato de este sensacional suceso: "que viendo Dios que había faltado la justicia a este Santo Prelado, volvió por ella y comenzó a castigar los delitos que contra el señor Obispo se habían cometido".

"Al Gobernador Guerra y Ayala, le nació un grano maligno en el rostro, que a los seis meses le había comido la cara, con hediondez tal que nadie se le acercaba, habiendo muerto, rabiando". "A una lepra; uno de los Oidores, que votó en contra el Obispo, se ahorcó; otro murió sin confesión; y de los testigos que juraron contra el señor Obispo, el hijo mató a su padre; al otro lo arrastró un caballo y se mató, y todos los demás que fueron contra el Obispo, murieron desastradamente".

Entre las personas que refirieron estos hechos, figura Fran Diego de Saz, criollo de Ciudad Real; Fray Baltazar Torres, nacido en esta ciudad, y Fray Gregorio Carbellido, noble gallego y religioso de gran virtud, oración y disciplina, quien según afirma el Padre Vásquez Espinoza, (L. III, t. IV, c. 66): "platicaba con las Ánimas Benditas del Purgatorio, quienes, cuando se veían atormentadas, acudían a las oraciones y ruegos del Padre Fray Gregorio Carbellido"; "y esto sucedíale frecuentemente no solo siendo morador del Convento de Chapas, sino el de San Antonio (hoy en San Francisco), de esta ciudad de Comayagua".

El Palacio Episcopal de entonces, en donde ocurrieron estos acontecimientos es la casa que hoy pertenece a doña Matilde v. de Henríquez, en la que, también se dieron los grandes bailes en que se lució la gallarda figura del invicto General don Francisco Morazán.

COMAYAGUA: TUMBAS ILUSTRES

Recorriendo templos y ruinas de la época colonial, hemos encontrado, tanto en los sarcófagos, como en las tumbas y mausoleos de personajes importantes de aquellas épocas, venerables momias de Ilustres Obispos, tales como la del señor Guadalupe López Portillo, muerto en 1742, quien fue el fundador de la primera Universidad Colonial de Honduras, y el que mandó construir el templo de San Juan de Dios, que fue el asiento del Tribunal de la Santa Inquisición y en donde se ha encontrado la tumba del Inquisidor Mayor, sobre la cual tenía una lápida de piedra con esta inscripción: Aquí yace el cuerpo del Mayordomo Don Juan de Segismundo Flores y Gallo, Cura que fue consagrado de esta Catedral, Mayordomo de la Santa Inquisición. Falleció a mediados de junio de 1766. Esta lápida hoy se encuentra depositada en el Museo de esta ciudad.

En la Iglesia y Convento de La Merced, se encuentra la tumba del Gobernador de la Provincia de Comayagua, don Juan de Vera, quien fue nombrado Gobernador por Real Cédula fechada en San Ildefonso, España, el 23 de agosto de 1745, señalándosele la jurisdicción provincial, desde el Cabo de Gracias a Dios hasta los confines de Yucatán. Sobre esta tumba se encuentra una lápida de piedra con sus inscripciones casi borradas por la acción destructora de los tiempos.

Los restos del Ilustre señor Obispo, Dr. don Francisco José de Palencia, Prelado progresista que hizo introducir el agua potable a esta ciudad por medio de cañerías de barro cocido que tiene una extensión de más de cuatro kilómetros, se encuentran justamente los restos de otros personajes episcopales, en el Sarcófago de los Obispos, de la Catedral, ya convertidos en momias que están depositadas en cajas de madera, cubiertas, menos la del señor de Guadalupe, que está expuesta bajo vitrina, encontrándose completamente entera, con sus ornamentos pontificales, a pesar de sus doscientos años transcurridos.

Se asegura por expertos en la materia, que el procedimiento de embalsamamiento de esta episcopal momia fue el mismo empleado en las momias de los faraones egipcios.

En la Iglesia del Carmen se encuentra, entre otras ilustres, la tumba del señor Obispo Licenciado don Cristóbal de Pedraza, de quien se conserva su gran retrato al óleo, en la galería de retratos episcopales de la Sacristía de la Catedral.

Este Ilustre Prelado fue mandado por el Rey de España, a esta provincia, para que sirviera de Juez en la controversia que había entre don Pedro de Alvarado y don Francisco de Montejo, cuyas diferencias arregló el señor Pedraza, condenando a Montejo a pagarle a Alvarado la suma de mil talentos que éste tuvo la generosidad de perdonarle, por instancias de doña Beatriz de la Cueba, su esposa.

Otras ilustres tumbas más modernas se encuentran en los demás templos y cementerios de esta ciudad; y así en la Iglesia de La Merced se encuentra la tumba del vicepresidente don Eligio Andrade, uno de los grandes capitalistas de aquella época y benefactor del pueblo.

Allí mismo se encuentra la tumba de don Teodoro Boquín, personalidad importante en aquel tiempo y ciudadano de los más entusiastas por la causa de la Independencia Patria, a pesar de su españolismo, quien tuvo la buena suerte de haber sido el primer hijo de Honduras que dio el primer grito de ¡Viva la Independencia!, al encontrarse con el correo que traía los célebres PLIEGOS que de Guatemala mandaba el Capitán General don Gabino Gaínza, en la célebre mañana del inmortal 28 de septiembre de 1821, al Gobernador de esta Provincia, Coronel don Gregorio Tinoco de Contreras.

En la Iglesia de San Sebastián, la que en años anteriores había sido su Cuartel General, en la desastrosa campaña que culminó con la derrota del 2 de junio, en que triunfaron los aguerridos Pericos del General Guardiola, se encuentran la tumba del gran Patriota General don Trinidad Cabañas, sobre la cual está colocada una lápida de mármol, con esta inscripción:

Al Soldado Ilustre de la Patria Centroamericana, José Trinidad Cabañas.

También se encuentra en dicha Iglesia la tumba del primer Obispo hondureño, sobre la cual está una lápida de piedra con esta inscripción:

A la ilustre memoria del dignísimo Doctor Don Hipólito Casiano Flores y Castro, Primer Obispo del país. –Murió el 29 de septiembre de 1857.

La tumba de don León Alvarado, patriota que en unión de don Justo Rodas y Mr. E. Geo Squier, firmó, el 23 de junio d 1853, la primera contrata para la construcción del ferrocarril interoceánico, se encuentra en la Iglesia del Carmen, con una lápida de mármol que ostenta esta inscripción:

Los estudiantes del Colegio. –A León Alvarado.

Como es sabido, don León Alvarado pasó la mayor parte de sus últimos años, luchando por la construcción del interoceánico, al grado de que, cuando se veía en dificultades de fondos, para proseguir la empresa, se iba al pueblo de Erandique a extraer ópalos que, en aquel tiempo, tenían muy buena demanda en los mercados de Londres, a donde fue a constituirse, para alentar los trabajos del ferrocarril, y en donde lo sorprendió la muerte, sin haber podido ver coronada su obra soñada del ferrocarril.

En el Cementerio de San Blas se encuentra la tumba del Soldado Morazánico, ex presidente General don Joaquín Rivera, sin ninguna lápida, quien murió en el patíbulo, víctima de los errores e intransigencias de nuestra malhadada política destructiva.

La historia ha consagrado al General Joaquín Rivera como un gran organizador del Estado, quien supo mantener la paz por mucho tiempo: que supo dar impulso a la instrucción primaria, enviando por cuenta del Estado a la Escuela Lancasteriana de Guatemala a varios jóvenes hondureños; que amortizó gran parte de la deuda hondureña; que supo respetar la libertad de imprenta; favoreció la minería; hizo venir de Europa un Cuño, el cual llegó deteriorado, por lo pésimo de los caminos; y por último dio muchos socorros a los damnificados de la erupción del Cosigüina.

Sobre el sepulcro del ex presidente don Coronado Chávez, se levanta un hermoso mausoleo, construido por su nieto el Sr. Coronado Chávez Bulnes, en el cementerio de esta ciudad.

Para él, la Historia ha consignado en sus páginas este honroso capítulo: "Por Decreto Legislativo de 10 de marzo de 1846 que sancionó el presidente don Coronado Chávez el 19 del mismo mes, el Congreso acordó la protección de la Sociedad del Buen Gusto y del Genio Emprendedor, fundada por el inmortal Presbítero Dr. don Trinidad Reyes, elevándola al rango de Universidad, con el nombre de Academia Literaria de Tegucigalpa.

El ex presidente don Francisco Montes, se encuentra sepultado en dicho cementerio; y la historia hondureña le tiene señalado puesto de honor en sus páginas, por su acrisolada honradez y por haber contribuido a la captura, en su casa, de los asesinos del Presidente Guardiola, Mayores Pablo y Wenceslao Agurcia.

En la Catedral se encuentra la tumba del patriota Dr. don Céleo Arias, con una lápida que tiene esta inscripción: A la Memoria de su digno jefe. –El Partido Liberal.

Parece que nuestros abuelos derrochaban sus flores de imaginación, poniendo o esculpiendo sobre las losas y mármoles funerarios, inscripciones como ésta:

Tú serviste a la Iglesia;
Yo serví a este Estado.
Obispo y Gobierno han premiado;
Dios sea Alabado.

En la tumba de una hija del Presidente don José María Medina, se encuentra esculpida esta inscripción:

La Parca sórdida
Descargó súbita
Su hoz mortífera
Sobre tu ser;
Y triste y lívido
Tu cuerpo gélido
Bajo una lápida
Se va a esconder.

En el Campo Santo de San Blas, no escasean inscripciones poéticas, como ésta:

Con tan inepta familia
Por estar en tierna edad
Me ayuda en la adversidad
Sólo tu hermana Cecilia.
Regaré siempre raudales
De lágrimas que he vertido
Adiós, esposo querido,
Adiós, Próspero Portales.

Sin duda se llamaba Próspero, el difunto, tan llorado por la amante esposa.

EL ORO Y EL MAÍZ

[Diálogo Infantil]

(El Oro: será representado por un joven vestido de Rey, con corona y cetro; portando al cinto, espada y en la mano izquierda, una cadena).

(El Maíz: será representado por un joven vestido de aldeano, con camisa larga y pantalones algo arremangados y sombrero de palma: teniendo sobre el hombro izquierdo, un haz de mazorcas de maíz).

El Oro: ¿Dime si no eres tú, el grano que en la inmunda pocilga alimentas los cerdos: que en las cuadras nutres los borricos y que en los corrales, engordas los patos y las gallinas?

El Maíz: Sí, ciertamente, yo soy el humilde grano que da vida y sustento a esos seres de la Creación, los que para ti son seres abyectos; pero también yo nutro la preciosa sangre del pueblo, y soy la alegría del aldeano; el mimado de los agricultores y el que alimenta, tanto al rico, como al pobre.

También soy la esperanza y el ansiado maná del infatigable labriego, quien halla en mí, su tesoro, lo mismo que la vida de su madre, de su esposa y de sus hijos.

Por mí, tanto la ciudad, como el pueblo, la aldea y el villorrio se estremecen de contento, cuando lleno sus exhaustos graneros, y surto sus mercados, para calmar el hambre de las gentes; y cuando hay escasez de mis granos, porque las inconstantes lluvias no han humedecido las raíces de mis matas, entonces, las ciudades, los pueblos y aldeas se llenan de aflicción y claman misericordia a Dios, como sucede actualmente en la hambrienta y afligida Europa, en la que para matar el hambre, de nada sirven tus millones relucientes.

El Oro: Pero esas bondades de que me hablas, misérrimo grano, jamás podrán darte el brillo y esplendor que yo tengo y por los cuales soy tan codiciado, para fabricar las coronas de los

Emperadores, Reyes y Príncipes; para fabricar las medallas y condecoraciones que adornan los pechos de los guerreros; para ponerles las empuñaduras a los sables de los héroes guerreros, ante los cuales se doblega la justicia y se inclina el Derecho.

Por el brillo de mis monedas, los criminales más empedernidos salen de las cárceles o entran a ellas los inocentes, en complicidad con togados traficantes y malabaristas leguleyos.

El Maíz: Calla, vanidoso y petulante Oro; pues tú no eres más que un vil instrumento que sirve para la perdición de la humanidad, la que, afligida, llora y sufre la influencia nefasta del brillos de tus monedas, cuando desgraciadamente caen en manos de avarientos y de mercaderes de honras y virtudes.

Por ti, el filántropo de otros tiempos se ha trocado en vulgar mercader y usurero, que ahorca al pueblo con intereses y alquileres leoninos.

Obras perversas tuyas son las cruentas guerras que se hacen los pueblos hermanos, quienes están llamados a convivir felices, para compartir todos los productos de la madre y pródiga tierra.

Miserable Oro: Tú no sirves más que para fabricar pavorosos y terribles explosivos con que se destrozará y quizá se extinguirá la hermosa obra de la Creación…

El Oro: Ja, ja, ja; me río de tus nimiedades y candideces, misérrimo grano; pues debes convencerte que tú no eres más que un desgraciado alimento de cerdos y bestias, el mata hambre de borricos y chompipes. ¡Ah, cuánta nobleza…!

El Maíz: Escúchame Oro vil: Debes saber que si tú eres, como pretendes, la arrogante ARISTROCRACIA; yo, el humilde grano del pueblo, soy la vida y viva sangre del pueblo, de ese pueblo que es la verdadera DEMOCRACIA que tan valientemente ha hecho rodar, en todos los tiempos y todas las edades, las doradas coronas y cetros de los déspotas de la Tierra que han esclavizado la humanidad.

Sí, yo soy el alimento que sirvió para dar fuerzas a los aguerridos soldados del invicto Morazán, que tan heroicamente tremolaron el Pendón de la Unión Centroamericana.

Soy la sabia de la vida que en las gestas libertarias de la Independencia de los pueblos hermanos del Continente Americano, sirvió, no para esclavizar patriotas, sino para formar Repúblicas libres, soberanas e independientes del yugo colonial.

¡Oro vil!: Huye, huye de mi presencia y no vuelvas más a enfrentarte a mí, mientras seas el símbolo de corrupción y de maldad; pero si algún día te regeneras y te empleas en levantar hospitales; en construir fábricas que compartan con sus obreros, en la debida proporción, sus ganancias; si te empleas en cultivar la tierra sin esclavizar al pobre labriego, para que ella dé abundantes productos que sirvieran como yo sirvo, para alimentar grandes naciones y pueblos, entonces, sí, acércate a mí, para que, en estrecho consorcio, laboremos, para hacer la felicidad de todos los pueblos de la Tierra.

Pero mientras esto no suceda, hoy, póstrate ante mis plantas Oro vil, y recibe esta cadena como digna recompensa de tus maldades…

El Maíz se lanza contra el Oro y le sujeta las manos con la cadena. Y después, cuadrado ante el público, hace un saludo marcial.

(Cae el Telón).

POR LA MEMORIA DEL PRESIDENTE DON CORONADO CHÁVEZ

[Comentarios Históricos]

Hemos leído en el semanario El Sampecrano, de San Pedro Sula, un interesante artículo de nuestro buen amigo el Perito Mercantil, don Joaquín Burgos, hijo de este departamento de Comayagua, en que el amigo Burgos dice que la Universidad del Estado de Honduras fue fundada y auspiciada por el Sacerdote José Trinidad Reyes, con la cooperación literaria de los jóvenes Bachilleres Máximo Soto, Alejandro Flores, Miguel A. Rovelo, Yanuario Jirón y Pedro Chirinos; y que estos nombres, justamente con el del Presidente, don Juan Lindo, deben inscribirse con letras de oro, en los ángulos del salón actual Universidad; y que sus retratos deberán colocarse en lugares distinguidos.

Haciendo verdadera justicia a la memoria del Presidente don Coronado Chávez, también su nombre debe ser incluido entre los patriotas que intervinieron en la fundación y elevación a rango de Universidad, de la Sociedad del Genio Emprendedor y del Buen Gusto, fundada por el inmortal Padre Reyes y los jóvenes antes mencionados.

El Presidente Chávez, antes que el Presidente Lindo, sancionó el Decreto Legislativo de 10 de marzo de 1846, en que se acordó su protección y se elevó al rango de Universidad del Estado de Honduras a la Academia Literaria del Padre Reyes, con autorización para conferir grados que fuesen elevados en todo el Estado.

La verdad histórica, sobre el particular, es que el Congreso Legislativo, reunido en esta ciudad de Comayagua, emitió un Decreto el 11 de agosto de 1847, por el cual se autorizaba al Presidente Doctor don Juan Nepomuceno Lindo, para todo lo que fuese conveniente para el adelanto y estabilidad de la Academia, habiéndose aprobado los Estatutos y nombrándose como Rector, al Presbítero Doctor don José Trinidad Reyes; Directores de Estudios a los Licenciados don Pío Ariza, don Hipólito Matute y don Cornelio Lazo; habiéndose trasladado de esta ciudad, capital de entonces, a Tegucigalpa, para tal fin, el Presidente señor Lindo y el Ilustrísimo señor Obispo, don Francisco de Paula y Campoy, cuyo gran retrato al óleo se conserva en la Galería de Retratos de esta Catedral.

Como se ve, fue en esta ciudad de Comayagua que se elevó, por un Presidente Comayagua, como lo fue don Coronado Chávez, la Sociedad o Academia Literaria de Tegucigalpa, a la categoría de Universidad del Estado de Honduras, un año antes de que hubiera intervenido, en favor de dicha Academia, el Doctor Juan Lindo, hijo ilustre de la ciudad de Tegucigalpa.

Con todo esto se demuestra que el nombre del ilustre del Presidente del Estado de Honduras, don Coronado Chávez, debe también, brillar con caracteres de oro, en la que es hoy "Universidad Nacional de Honduras".

PATRIOS LARES Y SUS LEYENDAS: DELGADO FUE FUSILADO

Con amable dedicatoria, recibí del Ingeniero Ortega, su interesante folleto Patrios Lares, en el que, con mano maestra hace preciosos y festivos relatos de tradiciones, leyendas, cuentos e historietas, de hechos reales y fantásticos, ocurridos en diversos lugares del país y muy especialmente de esta Antigua Valladolid; y por medio de estas líneas doy, al estimado e ilustrado amigo Ingeniero Ortega, mis más expresivas gracias, y al mismo tiempo mis calurosas felicitaciones por la publicación de su importante folleto, en el que se han salvado del olvido e indiferentismo criollo, tantas leyendas, cuentos y relatos que vienen a enriquecer la ciencia folklórica nacional.

Ojalá el Ingeniero Ortega siga en su ímproba labor de desenterrar otras leyendas, cuentos, historietas, lo mismo que muchos chistes ingeniosos, refranes, proverbios, adivinanzas que tanto abundan en nuestras ciudades, pueblos y aldeas, pues todo este acervo nacional y popular, servirá para establecer el estado cultural de los mismos, en las distintas épocas que florecieron y fueron conocidos.

De todas las leyendas a que me refiero he creído conveniente hacer algunas rectificaciones verdaderamente ciertas, con respecto a la leyenda "Delgado fue Fusilado", acontecimiento éste que conmovió el alma nacional y del que fui testigo presencial, pero me permito manifestar que tal rectificación la hago con el perdón del amigo Ortega, tomando en cuenta que él no forjó la leyenda, sino que la escribió, sin duda, tal como se la refirió la vieja a que él hace alusión; y el propósito mío es, que tal leyenda no vaya a ser tomada como verídica por las generaciones venideras, y hacerse aparecer así al General don Emilio Delgado y su señora esposa doña Josefina Recinos de Delgado, como personajes ridículos; el primero, cantando un charango con guitarra, momentos antes de ser fusilado, y la segunda, como alineada, que daba gritos escandalosos en la plaza San Francisco, pidiendo el cadáver de su esposo, para devolverlo en peso de plata; todo lo que no existió más que en la mente de la vieja que crió la ridícula y falsa leyenda, que le refirió el amigo Ingeniero Ortega.

Lo ocurrido fue lo siguiente: Habiendo sido capturado el Gral. Delgado, con sus compañeros de revolución, Coronel Indalecio García, Comandante Miguel Cortez y Teniente Gabriel Lozano, cerca de San Antonio del Norte, fueron traídos a esta ciudad, en donde fueron sometidos a Consejo de Guerra, integrado por los Generales Longino Sánchez, Ramón Vijil y Andrés Matute, quien los condenó a muerte; y el día 18 de octubre del mismo año fueron fusilados, en frente de la torre de la Iglesia Caridad de esta ciudad, habiendo muerto como verdaderos valientes; y el Gral. Delgado pidió el mando de la ejecución, en la que, al pronunciarla, hizo rectificar a la mala puntería de un soldado, indicándole que disparara al pecho, abriéndose la solapa que llevaba puesta; y cuando pronunció la voz de ¡fuego! Se oyeron las terroríficas descargas de los soldados del Gobierno, cuyas balas perforaron los pechos de aquellos cuatro valientes que supieron morir, así como mueren los hondureños, en lances parecidos.

En aquellos momentos se oyeron también unos gritos desgarradores de la madre del Teniente Lozano, cuyos gritos fueron apagados por los acordes de las dianas de la banda y toques de cornetas…

De manera que ni el General Delgado cantó con guitarra, momentos antes de su ejecución, ni su honorable esposa doña Josefina Recinos de Delgado dio gritos, en súplicas del cadáver; pues dicha matrona no salió de la casa en que estaba hospedada, que era la don Calixto Valenzuela.

Momentos después, los cadáveres de los ajusticiados, fueron pedidos por don Tomás Escoto y el joven Alberto Aguiluz, quienes lo condujeron a la Iglesia San Francisco, en donde fueron velados por personas piadosas de esta ciudad.

LEYENDAS POPULARES

EL ENCUENTRO DEL MAESTRO REMIGIO

[Verídico en 1861]

Hace ya muchos años que vivió en esta ciudad de Comayagua, un viejo, pero muy competente Maestro Cantor, llamado Remigio Maradiaga, quien, aunque no pertenecía al gremio de los célebres Maestros Cantores del inmortal Ricardo Wagner, se hizo famoso como Maestro de Capilla, en catedrales e iglesias de ciudades y pueblos del país y fuera del país.

Su nombre de pila y confirma; fue el de Remigio Maradiaga, nacido en la Villa de San Antonio; habiendo sido educado en el arte musical, en esta ciudad, bajo la dirección del famoso don Francisco Bulnes, Maestro de Coro y notable organista.

El Maestro Remigio, como se le llamaba generalmente, cuando estaba en el apogeo de su gloria artística, ya era un viejo sesentón, mofletudo, cara redonda, color negro que tiraba a retinto, cabellos abundantes, recortados a la usanza de los maestros italianos, lo que le daba un aspecto de gran señor del Arte; siendo su instrumento favorito, la viola, con la que se acompañaba sus cantos gregorianos.

Se cuenta del Maestro que, en una de las grandes fiestas religiosas de aquellos famosos tiempos de misas y maitines, fue llamado de San Miguel, República de El Salvador, para que fuera a dirigir y oficiar en la Capilla de la Catedral. en las fiestas de veintiuno de noviembre.

El Maestro Remigio lió sus maletas; y con todos sus oficiales e instrumentos favoritos, se fue para San Miguel, en donde prestó sus relevantes servicios filarmónicos, con tal brillantez y maestría que supo conquistarse merecida fama, amén de los trescientos pesos que le pagaron por sus servicios.

Cumplido su compromiso, se regresó a esta su tierra hondureña, dando aviso previo de su llegada, primeramente, al pueblo natal y después, a esta ciudad.

Naturalmente, para la llegada del famoso Maestro, la Corporación Municipal de su pueblo, preparó un regio recibimiento mandando alistar jolotes y gallinas, para el banquete; y a la vez, la Alcaldía Municipal, ordenó al vecindario que debieran ir montados al encuentro, los que tuvieran bestias y los que no, que no.

Llegado el feliz momento del arribo del Maestro al querido terruño, fue solemnemente recibido, entre repique de campanas, cohetes y músicas de acordeón y guitarras; y conducido al salón del Cabildo Municipal, se le sentó en el puesto de honor de la Corporación, entre el señor Cura Párroco, Alcalde y Regidores, estando la sala llena, de todo lo principal del pueblo, tanto de hombres, como de señoras y señoritas.

Al toque de la campana consistorial, todo el mundo se puso de pie, y el señor Alcalde declaró oficialmente, ese día, Fiesta Nacional.

Acto seguido, entre aplausos y vivas del pueblo, subió a la tribuna, el orador nombrado, que siempre desempeñó tal encargo, don Fabián Zelaya, quien antes se había ganado merecida fama de ser autor de divertidos coloquios y chispeantes entremeses; y haciendo genuflexiones, una para el Maestro Remigio, otra para el señor Cura y la otra para el Alcalde Municipal, dijo:

Señores, Señoritas y Caballeros:
"Bellas ninfas que rizáis"
"Vuestros lánguidos cabellos",
"Venid en honor de ellos"
"Al saludo del Señor".
"Es Remigio Maradiaga",
"El hombre más bondadoso",
"Tan lindo y tan primoroso",
"Que parece un español";
"Es el Maestro Maradiaga",
"El Cantor más eminente"
"Que con su arco refulgente",
"Esta Villa hace temblar".
He dicho.

Atronadores aplausos y vítores llenaron el recinto municipal; y terminada la recepción, el señor Alcalde invitó a la concurrencia, para que pasara al comedor, a saborear los sabrosos estofados y las olorosas fritangas del banquete.

DON LEÓN FUE CRUCIFICADO

De todos es sabido en esta ciudad, que las fuerzas revolucionarias del General Emilio Delgado hicieron valiente y tenaz resistencia en las lomas del pueblo de Lamaní, a la columna de comayagüenses, comandada por el General Andrés Matute, habiendo sido esta rechazada hasta las huertas de las orillas León Castillo, quien mandaba una compañía del ala izquierda de las fuerzas del General Matute.

En tan crítica situación, el atribulado Castillo invocó la protección divina, haciéndole la promesa al señor de Esquipulas, que si lo sacaba con vida de aquella trampa, le celebraría un Viernes Santo, haciéndose crucificar, con corona de espinas, lanzada en el costado y despojo de vestiduras.

Naturalmente, el Señor de Esquipulas, oyó los desesperados ruegos de su buen devoto don León; y al momento hizo que uno de los mejores oficiales de otra columna inmediata, ocurriera velozmente a salvar al Coronel Castillo; y fue así que el valiente Capitán Juan Ángel Garrigó, arremetió con tal arrojo y denuedo a la columna revolucionaria del General Delgado, que al poco rato, y con la oportuna intercepción divina, la rechazó hasta hacerla volver a las posiciones de La Loma; y de allí, con el ataque combinado de todas las fuerzas gobiernistas, se logró que los revolucionarios emprendieran la retirada, en la que desempeñó brillante papel, el héroe cubano Coronel Morey, quien él solo, en Casa Nueva, detuvo a cien hombres, comandados por el Coronel Melecio Marcial.

Pues bien, volviendo a la promesa de mi Coronel, éste como buen católico y hombre de una sola palabra y firme fe, dispuso cumplir, cuanto antes, su promesa, para lo cual mandó construir cruz alta, la que hizo colocar en la sala de su casa, frente a la puerta; preparó cajeta y horchatas sin perjuicio, de tragos, cigarros y puros, para los invitados y las rezadoras que velarían al Crucificado, rezándole rosarios, estaciones y misereres, con acompañamiento de música, lo mismo que salvas de recámara, cohetes y petardos.

Habiendo llegado el día señalado, que fue el último viernes del mes de octubre, poco después de la fusilación del General Delgado, y cuando todos los preparativos de la Crucifixión estaban terminados, mi Coronel don León, se entregó de pies y manos, a los sayones que, haciendo veces de judíos, lo amarraron firmemente en la cruz y le colocaron en la cabeza, la corona de espinas y en las vergüenzas, pusiéronle un lienzo blanco para cubrírselas; y con todas estas indumentarias y adminículos, fue enarbolado en el madero afrentoso, quedando así de esa sacrosanta manera, el pobre don León, convertido en Nuestro Señor Jesucristo, expuesto a la veneración de todos los asistentes al drama pasional.

Principiado el piadoso acto, entre cánticos de la pasión, del perdón y de las lamentaciones de Jeremías, todo esto acompañado con música de la banda, bombo y platillos, lo mismo que con disparos de recámara y cohetes, las gentes del barrio que no sabían a qué se debían aquellas estrepitosas celebraciones en casa del Coronel Castillo, acudieron atraídas por la curiosidad; y entre estas gentes, llegó por allí, un bohemio diurno y nocturno, quien tenía fama de ocurrente, chispeante y guasón, cuyo nombre de pila y confirma era el de Teodosio, generalmente conocido con el de Teocho.

Pero, cuál fue el asombro de éste, al ver a su amigo León, aspado, coronado de espinas y lleno de moretes y cardenales, hábilmente simulados por el pintor Arévalo, cosa que él no se la había imaginado; y, en actitud de curioso, le endilgó este apóstrofe a su amigo crucificado: – ¿Qué haces ahí querido?... ¿Y a qué se deben estas músicas y cantos de pasión?

– ¡Ah, Teodosio!, contestó desde lo alto de la cruz don León, – esto que ves y oís, con tanta devoción y alegría, es el cumplimiento de una solemne promesa que le hice al Señor de Esquipulas, para que me sacara con bien de aquel infierno del combate de Lamaní...

Aquella explicación del Crucificado, no le cayó muy en gracia a Teocho, quien, meneando la cabeza en señal de duda, mesándose la espesa barba que llevaba a la usanza de los bohemios, nada dijo, pero sí, dio un sonoro pujido...

Don León, desde lo alto del madero, ordenó que se le sirviera una copa a su amigo Teodosio, quien frotándose las manos en señal de contentamiento, por el obsequio de la copa, la que era su debilidad, como dicen los leones del leonismo, esperó el momento del brindis; y, al efecto, una sirvienta, puso en manos de Teocho la copa, llena hasta el tope; y éste, destapándose la cabeza y puesto de rodillas, con la copa en alto, hacia el Crucificado, exclamó con fuerte y arrogante voz: – León: sin abdicar a mis ideas, me adhiero a tu festividad. ¡Salud querido!

– Gracias, – respondió el señor León, con vos entrecortada, como algo amostazado, por las pullas de su burlesco amigo.

Las señoras del rezo, daban muestras de disgusto por las imprudencias y burlas de Teodosio; pues comprendían que el Coronel, no solamente sufría los tormentos de su pasión calvareña, sino que también sufría las burlas de aquél y de los demás muchachos curiosos que estaban oyendo y viendo aquel extraño coloquio.

Y como en aquellos momentos principiaba el rezo del último Rosario, Teodosio se despidió de su amigo, haciéndole una reverencia, y exclamando. León: acuérdate de mí cuando estés en tu Reino; y a la hora del Descendimiento, volveré…

Pero el pobre Crucificado, más amostazado que sufrido, volvió la cara hacia un lado y dijo: ¿para qué dejaron entrar a ese hombre?

EL SONÁMBULO Y LOS BUÑUELOS DE TATA PADRE

[Verídico]

El año uno del siglo diecinueve, nació en esta ciudad un niño, hijo de padres españoles, de holgada posición pecuniaria, a quien pusiéronle por nombre Pedro, llevando los apellidos paterno y materno, de Boquín y Aranda.

Este niño creció bajo los cuidados especiales de sus progenitores y de maestros peninsulares que supieron darle buena educación hogareña, hasta llegar a la pubertad.

Después fue enviado a Guatemala, a cursas estudios superiores de Filosofía, Teología y Cánones, en la Universidad Pontifica de San Carlos Borromeo, en donde se doctoró y recibió las Ordenes Sacerdotales.

A su regreso a esta ciudad colonial, con el objeto de cantar su primera Misa, naturalmente, sus padres hicieron grandes preparativos para celebrar tan magno acontecimiento, con todo el boato y esplendor, propios de las familias acaudaladas españolas, y según cuentan las crónicas de aquellos tiempos, cuando el nuevo Sacerdote y Doctor Pedro Boquín y Aranda hizo su regreso a la Catedral a su casa, después de cantar su Misa Nueva, entre gran concurrencia de lo más selecto de la sociedad españolizada de Comayagua, iba pisando alfombras damasquinas y sevillanas; y cuatro acólitos, provistos de azafates de plata, llenos de monedas fernandinas, iban haciendo copiosas prebendas, al populacho y muchachada de la ciudad, hasta llegar a la casa paterna, en donde la concurrencia fue obsequiada espléndidamente.

Pasados algunos días de estas fiestas del joven Presbítero y Doctor, la Curia Episcopal tuvo a bien conferirle el mando de la Parroquia de San Sebastián de esta ciudad; y con tal motivo, ya que se aproximaban las fiestas del Santo Patrón, tomó el señor Boquín especial empeño en que se hicieran, ese año, las mejores y más solemnes festividades, tanto religiosas como profanas; y así se organizaron comités, para hacer la propaganda y las invitaciones a ciudades, pueblos y aldeas.

Llegada la fecha de las fiestas, o sea el dos de febrero, toda la zona de San Sebastián estaba cubierta de chinamos y manteados, formando calles prolongadas, en las que había abundancia de comidas, bebidas, refrescos, licores, ruletas, rifas, diversiones y espectáculos de todas clases, en fin, todo aquello se había convertido en una feria verdaderamente sevillana.

El Señor Cura, Doctor Boquín, con toda su familia y servidumbre se había trasladado a la Casa Cural, anexa a la Iglesia de San Sebastián.

Una fuerza colonial, con su banda de música, tambores y cornetas, se había trasladado, bajo las órdenes de un Alférez, quien había servicio de cuartel, al lado Este de la Iglesia.

Para los servicios del Coro, se trajo de San Miguel, República de El Salvador, un Maestro de Capilla, competente, con doce oficiales escogidos, a quienes el señor Cura Doctor Boquín, alojó en una dependencia de su Casa Cural, y allí se les daba alimentación.

A la hora de la merienda, los filarmónicos vieron que al señor Cura le habían llevado de obsequio, una fuente llena de buñuelos, de la cual, el sirviente de mesa, le servía sendos buñuelos; y después, iba la fuente a la alacena; y naturalmente, para los músicos que, con aquello sufrían el suplicio de tántalo, no había ni caldo, ni buñuelos.

– ¡Ah, qué desgracia ser músico!, –dijo uno de los oficiales– ¡Quién fuera Tata Padre para comer de esos buñuelitos! ...

– Pero hombre, –dijo el Maestro, – eso es cosa fácil...

– ¿Cómo, cosa fácil, Maestro, comer buñuelos de Tata Padre?

– Sí hombre; y a la noche se los comeremos al señor Cura.

Antes de acostarse, se aproximó el Maestro al señor Boquín, y le dijo: – Tata Padre, no se vaya a asustar, si siente pasos o hablar, en la noche; pues uno de los muchachos es sonámbulo, y se levanta, camina y hace cosas, sin hacer daños ni causar ningún mal a nadie; pero eso sí, señor, no hay que despertarlo porque se puede trastornar y agarrarnos a palos a todos.

– Bueno, bueno, hijo, no tengas cuidado que ya estoy entendido y no me asustaré ni me sorprenderé.

Todos se acostaron y comenzaron a roncar; y dieron las diez, las once, las doce, y a la medida para la una, se oyeron pasos y ruidos en la sala.

El sonámbulo se dijo Tata Padre; y, efectivamente, era el sonámbulo que andaba tarareando, do, fa, la, do; do, fa, la, do… y luego se oyó ruido en la sopera de los buñuelos, de los cuales, se enguyó cinco o seis, y el resto, con sopera en mano, a los compañeros dormidos, uno, por uno, de tres a cuatro buñuelos, hasta dar fin con todos ellos, no dejándole a Tata Cura, más que el caldo.

En seguida, el sonámbulo, bien privado, calculó que podrían tener sus compañeros, y acarreó con el porrón que aplicó a la boca de cada uno de ellos, sin perder la puntería, porque dicen que los sonámbulos ven bien en la obscuridad.

Terminados los buñuelos y el agua, a la cama el sonámbulo, cantando do, fa, la, do; do, fa, la, do…

Todos roncaban, bien privados, solamente Tata Padre ya no pudo dormir del susto, arrepentido de haberles dado alojamiento a las filarmónicos salvadoreños…

LEYENDAS Y LITERATURAS POPULARES

Una Proclama Política
[Año de 1850]

"NOSOTROS: los oponecas, partideños del General Gardiola estamos bien amalgasados: y el que se atreva a desjuntarnos, frasaca, frasaca, tritemente".

Una Licencia Para Serenata
[Año de 1887]

"El infrascrito Alcolde, concede liberaria al señor Juan Zostre, vecino de esta Villa, rapa que soque la súmica, por las calles, durante las zorras que me manda la Ley de Pol. Yo el alcalde de Pol."

Una Carta Confidencial
[Año de 1892]

"Si hay algo que me complazca, me dé vida y sustento es saludar al buen amigo, modelo de la moral y plasma de la bien andanza. Escuela de Derecho, de Herodes a Pilatos, pero el Colegio está estático, sin traslación ni rotación. Salud bella familia".

El Latín de un Aldeano

"Hija, le dice a la esposa del aldeano: Vieras que en la ciudad, le iba cantando Tata Padre, al difunto que llevaban al panteón, así "amplius lávame ab iniquitate mea, et a peccato munda me meo" que quiere decir eso: "Si no te quitas te me... pero si te quitas te ori..."; y a todo esto, le echaba al difunto con un lobillo de plata, agua que, a saber de qué sería"...

La azorada esposa le respondió: hijo ¡qué cosas tan feas hacen en la ciudad!

Dos Ministros de la Santa Misa
[Año de 1878. – Episcopado del Señor Zepeda]

Refería, muy azorada, una anciana que en una de las grandes fiestas de la Purísima Concepción, se celebró Misa Solemne de Ministros; y que al principiar el Santo Sacrificio, estando hincados todos los celebrantes, frente al Altar, y haciendo un movimiento de vaivén, de diestra a siniestra, uno de los Ministros le decía al otro: comenzó vos, comenzó vos, contestándole el compañero: no, no, comenzó vos, comenzó vos, siempre haciendo el mismo movimiento de vaivén.

El señor Cura celebrante, quien se encontraba en medio de sus Ministros, cortó el diálogo, ordenando a uno de ellos que principiara el Confiteor Deo, tal como lo manda el Ritual Romano".

Un elocuente Sermón
[Año de 1888. – Episcopado del Señor Obispo Vélez]

"Máscula sun máribus, quedantur nómina solum. Malditas las madres que dejan sus hijas solas"… Palabras del Evangelista San Juan, Capó. 8, vió. 6, versículo Wivi.

"Queridos Hermanos: Anda por esos barrios, una partida de protestantes, de esos que vienen de allá del agua, vociferando que nuestros sagrados no hacen milagros ni favores, porque fueron hombres con calzones y chaqueta, a quienes Tata Dios no les oye nada. Así es que todos ustedes no deben creer esas palabras del infierno; y deben seguir con nuestra santa religión, por ser la verdadera; y aun suponiendo que no lo fuera, hay que decir, como reza el refrán: "vale más ruín conocido que bueno por conocer".

I concluyo mi sermón, deseándoles la Gloria in nómine Patrie; et philie et Spíritu Santi. Amén".

FUNDACIÓN DE LA UNIVERSIDAD DE HONDURAS

[A propósito de su Centenario]

La verdad histórica sobre la fundación de nuestra Universidad es la siguiente: El Ilustre Dr. y Presbítero don José Trinidad Reyes fue el iniciador y fundador de la Sociedad Literaria del Genio Emprendedor y del Buen Gusto, en la ciudad de Tegucigalpa, el 14 de diciembre de 1845, asociado de los jóvenes Bachilleres don Máximo Soto, don Alejandro Flores, don Miguel Rovelo, don Pedro Chirinos y don Yanuario Girón, siendo su Rector, el Ilustre Dr. Reyes; y siendo los fines de la Sociedad, al inaugurarse, los de la enseñanza de la Gramática Latina y la Filosofía, según declaración hecha por el señor Dr. Reyes, en su discurso pronunciado al inaugurarse la Sociedad.

A principios del año de 1846, la Honorable Corporación Municipal de Tegucigalpa, integrada por hombres amantes del saber, y cuyos nombres debieran desenterrarse del olvido, para que el país los conociera, se dirigieron al Congreso del Estado, reunido en esta ciudad capital de entonces, bajo la Presidencia de don Santos Bardales, suplicándole que elevara dicha sociedad fundada por el Ilustre Padre Reyes, a la categoría de Universidad del Estado; y aquel Alto Cuerpo, atendiendo la patriótica petición de la referida Corporación Municipal, emitió el Decreto Legislativo de 10 de marzo de 1846, sancionado por el señor Presidente Constitucional, don Coronado Chávez, en que se declaraba la fundación de la Universidad del Estado, con facultades de conceder títulos o grados que fueran valederos en el país.

Así quedó fundada la Universidad que posteriormente o sea al año siguiente, se inauguró en la ciudad de Tegucigalpa, siempre a petición de la muy noble y patriótica Corporación Municipal de dicha ciudad, quien insistió ante la Asamblea reunida en esta ciudad de Comayagua, para que ordenara al Gobierno del Dr. don Juan

Nepomuceno Lindo y Goicochea, fuera a la ciudad de Tegucigalpa, a hacer la inauguración; y al efecto, el Presidente Dr. Lindo, asociado del señor Obispo Campoy y Pérez, declaró la inauguración y apertura solemne de dicha Universidad, el 19 de septiembre de 1847 o sea un año después de su fundación; nombrándose Rector al Ilustre Dr. Reyes; Directores de Estudios a los Licenciados don Pío Ariza, don Hipólito Matute, don Cornelio Lazo y Bachiller don Alejandro Flores; Tesorero, a don Agapito Lazo, y Bedel, a don Buenaventura Ruiz.

Se pretende, por algunos historiadores nacionales y escritores que han tratado sobre la fundación de dicha Universidad, que la Sociedad Literaria del Genio Emprendedor y del Buen Gusto, fundada por el Ilustre Dr. Reyes, fue el principio de la Universidad Nacional de Honduras; pero esta suposición podría admitirse, si se tratara del principio de la Universidad que inauguró el Presidente Lindo y que fundó el Gobierno de don Coronado Chávez, un año antes de su instalación y apertura; pero si nos remontamos al período colonial, aparece que en esta ciudad de Comayagua fue fundado EL TRIDENTINO, que fue un verdadero centro Universitario, aunque sin tal categoría oficial, en el que el Rey don Felipe II lo mandó abrir, bajo el Rectorado del Dr. Presbítero don Simón de Zelaya, con la renta anual de cien doblones, y en cuyo Centro Educativo se establecieron las Cátedras de Gramática Latina, Filosofía, Derecho Canónigo, Derecho Civil, Griego, y en el que, posteriormente y en la época federal, se confirieron Grados de Licenciados en Derecho, Abogados, Bachilleres Pasantes, Bachilleres en Filosofía, y se conferían Ordenes Sacerdotales, previos los estudios correspondientes; y en dicho Centro Educativo recibieron sus títulos de Abogado los señores don Crescencio Gómez, don Céleo Arias, don León Martínez, Canónigos don Manuel Romero, don José Inés Licona, don Cornelio Padilla y muchos más que no recordamos, existiendo en esta ciudad el anciano don Gonzalo Boquín, que fue graduado de Bachiller Pasante en Derecho, en dicho Centro que bien pudiera llamarse Universitario.

En mi opinión, aunque no tengo la pretensión de que sea autorizada, creo, sin restarle glorias a quienes la merecen, como el Ilustre Dr. José Trinidad Reyes, que con relación a la Universidad de Honduras hay que hacer estas justicieras y verídicas distinciones y apreciaciones.

PRIMERA: que la iniciativa de la fundación de la Universidad, nació de la Honorable Corporación Municipal de Tegucigalpa, cuyos nombres de sus vocales deben darse a luz, para que ocupen el lugar preeminente en las páginas de la historia cultural del país.

SEGUNDA: que el fundador de la Sociedad del Genio Emprendedor y del Buen Gusto, Centro Cultural que más tarde fue elevado a la categoría de Universidad del Estado, fue el Ilustre e inolvidable Dr. don José Trinidad Reyes.

TERCERA: que el fundador de la Universidad del Estado, fue el Congreso a la Asamblea Legislativa, por Decreto sancionado por el Gobierno presidido por don Coronado Chávez, el diez de marzo de 1846.

CUARTA: que la apertura, instalación y organización fue hecha por el Gobierno presidido por el Dr. don Juan Nepomuceno Lindo y Goicochea, el 19 de septiembre de 1847; y

QUINTA: que si la Sociedad Literaria fundada por el Ilustre Dr. Reyes, se ha de llevar las glorias de haber sido el principio de nuestra Universidad Nacional, justo es que no se olvide y se recuerde con gratitud, el viejo Tridentino Colonial de Comayagua, que siglos antes abrió sus cátedras que, en justicia, pueden llamarse universitarias, aunque no haya sido Universidad legalmente establecida, y que tantos hombres ilustres dio, entre ellos los Doctores Crescencio Gómez y Céleo Arias, quienes, no solamente fueron glorias del Foro Nacional, sino que también fueron presidentes Ilustres de Honduras.

¡Glorifiquemos nuestra Universidad Nacional!

¡Glorifiquemos a todos sus iniciadores, fundadores y organizadores!

Y pidámosle a Dios que nos conceda largos años de paz, progreso y bienestar, para que nuestros Gobernantes del futuro, puedan fundar la Universidad Autónoma y la Ciudad Universitaria.

NOTA FINAL

En mi empeño de dar a conocer las Tradiciones, Leyendas, Cuentos Populares y Relatos importantes y tradicionales, he coleccionado algunos de ellos, los que he publicado en varios periódicos del país; y tengo el propósito de seguir desenterrando de nuestros polvorientos archivos, todo lo más que me sea posible encontrar y que sea digno de su publicación.

Ojalá que otras personas más capacitadas, hagan obra de publicidad folklórica y tradicional, para que las generaciones futuras se deleiten con tan poéticas tradiciones, leyendas y cuentos populares.

Fernando Patricio Cevallos.

NOTA DEL COMPILADOR

Las transcripciones de las obras de don Fernando Patricio Cevallos Bulnes se realizaron corrigiendo algunos errores de impresión.

Se corrigieron errores de dedo, ya que en los años 1919, 1930 y 1947 se debía escribir en una maquina con tinta impregnada en una cinta, por lo tanto el autor no tenía la manera de corregir dichos errores.

Las transcripciones en el español antiguo se dejaron tal y como don Fernando las plasmó en sus obras.

HERMAN RUIZ KATTÁN

AGRADECIMIENTO

COLECCIÓN ERANDIQUE agradece al periodista y escritor Herman Ruiz Kattán, tataranieto de don Fernando Patricio Cevallos Bulnes, por autorizarnos a publicar en un solo tomo las tres obras dl ilustre ciudadano de Comayagua. Esto permite no solo mantener vivo el legado de su antepasado, sino que, además, ayudará a las nuevas generaciones, en especial de la antigua capital, a descubrir las tradiciones y leyendas que son parte del día a día de nuestra gente.

CONTENIDO